Birgit Jackel
Rituale als Helfer im Grundschulalltag

Birgit Jackel

Rituale als Helfer im Grundschulalltag

borgmann

Wichtiger Sicherheitshinweis: Alle hier vorgeschlagenen Übungen und Spielideen wurden von Autor und Verlag sorgfältig erwogen und geprüft. Dennoch erfolgt ihre Durchführung auf eigene Gefahr und entbindet die/den Übungsleiter/in nicht von der Beachtung individueller Gefahrenmomente und der Planung entsprechender Sicherungsmaßnahmen.
Eine Haftung des Autors bzw. des Verlages und seiner Beauftragten ist ausgeschlossen.

© 1999 borgmann publishing GmbH, D-44139 Dortmund

Gesamtherstellung: Löer Druck GmbH, Dortmund

Grafiken bzw. Grafikideen: Manfred Jackel
Fotos: Stefanie und Manfred Jackel
Musikalische Unterstützung: Werner Kaul

Bestell-Nr. 8556   ISBN 3-86145-183-2

Urheberrecht beachten!
Alle Rechte der Wiedergabe, auch auszugsweise und in jeder Form, liegen beim Verlag. Mit der Zahlung des Kaufpreises verpflichtet sich der Eigentümer des Werkes, unter Ausschluß des § 53, 1-3, UrhG., keine Vervielfältigungen, Fotokopien, Übersetzungen, Mikroverfilmungen und keine elektronische, optische Speicherung und Verarbeitung, auch für den privaten Gebrauch oder Zwecke der Unterrichtsgestaltung, ohne schriftliche Genehmigung durch den Verlag anzufertigen. Er hat auch dafür Sorge zu tragen, daß dies nicht durch Dritte geschieht.

Zuwiderhandlungen werden strafrechtlich verfolgt und berechtigen den Verlag zu Schadenersatzforderungen.

Inhalt

Vorwort		7
1.	**Einleitung: Kindsein heute**	9
2.	**Rituale**	13
2.1	Versuch einer Begriffsklärung	13
2.2	Rituale im Verlauf der Persönlichkeitsentfaltung	15
2.3	Rituale als Entwicklungshemmer	19
3.	**Kollektive Rituale im Grundschulalltag**	21
3.1	Inhaltlich rituelle Gruppenspiele: Rhythmikspiele	22
3.1.1	Rhythmikspiele mit Fingergeschick	27
3.1.2	Rhythmikspiele mit Handgeschick	35
3.1.3	Rhythmikspiele mit Laufgeschick	49
3.1.4	Rhythmikspiele mit Gesamtkörper- und Darstellungsgeschick	57
3.2	Organisatorisch rituelle Gruppenspiele und Unterrichtssequenzen	71
3.2.1	Morgenkreise	73
3.2.2	Adventsfeiern	77
3.2.3	Tägliche Bewegungszeiten und Aktive Pausen	80
3.2.4	Entspannungsspiele	85
3.2.5	Mandalas malen und Mandalas betrachten	97
4.	**Ausblick**	107
Allgemeines Literaturverzeichnis		109
Themenspezifische Literaturverzeichnisse		
	zu 3.1.1 / 3.1.2 / 3.1.3 / 3.1.4 / 3.2.4 und 3.2.5	114

Vorwort

Das Leben ist schneller geworden, die Kontakte oberflächlicher.
Obwohl wir mehr Freizeit haben, hat kein Mensch mehr Zeit.
Es fehlt die Zeit zum Zuhören, zum Lesen, zum Nachdenken und Träumen.
Wir müssen sie uns einfach nehmen – die Zeit!
Wir brauchen sie dringend zum Lieben und Geliebtwerden,
zum Spiel, zum Spaß, zum Lachen, zur Lebensfreude.
Freuen wir uns über ein Lächeln, ein liebes Wort, über den Duft der Rose,
über eine Melodie, über die unendliche Schönheit der Natur.
Für all das sollten wir dankbar sein. Dankbarkeit ist der Schlüssel zum Glück.
Versuchen wir, ein bißchen dankbar und glücklich zu sein!

1. Einleitung: Kindsein heute

Heute wachsen Kinder unserer Gesellschaft unter anderen räumlichen, zeitlichen und sozialen Bedingungen auf als noch vor einer Generation: unter Bedingungen, die sich für sie ungünstiger auswirken. Sie unterliegen einem massiven Trend zum Augen- und Ohrenmenschen mit Reizüberflutung und Nervosität durch fehlenden Reizabbau. Man liest in der pädagogischen Literatur allenthalben von nervösen, unkonzentrierten und umtriebigen Kindern und von Erwachsenen, die ihren Gefühlen nicht mehr trauen und kein Einfühlungsvermögen in die Situationen ihrer Mitmenschen haben (u. a. *Burk*, 1991; *Fölling-Albers*, 1991; *Jackel*, 1997; *Lempp*, 1996; *Rolff & Zimmermann*, 1985; *Zimmer*, 1993). In Folge liest und hört man in den Medien von wohlmeinenden Vorschlägen zu nahezu jeder Erziehungssituation und beobachtet, wie neue Erziehungsmethoden angepriesen werden mit methodischer Besserwisserei. Konsequenz: Eltern werden verunsichert und verlieren mehr und mehr den Mut, ihrem gesunden Menschenverstand vertrauend, ihre Kinder zu erziehen. Voller Angst, inkompetent zu erscheinen und etwas „falsch" zu machen, schrecken sie vor Wissensvermittlung und Verhaltenstraining zurück. Schließlich fordern sie die Erziehung ein von vermeintlich kompetenteren Institutionen wie Vereinen (z. B. beim Sport, bei der Musik), privaten Kursangeboten (z. B. beim Basteln, beim Balett), Kindergärten und Schulen. Bereitwillig überläßt man eine ständig breiter werdende Palette an Bildungsinhalten und am Erweb sozialer Qualifikationen dem arrangierten Lebensraum der Schule statt dem natürlichen Lebensraum der Familie.
Definiert man erzieherisches Handeln als zwischenmenschliches Geschehen im Sinne eines Interaktionsprozesses von Kind und Umwelt, erscheint die Schule nur als *eine* Institution unter anderen zwecks pädagogischer Hilfestellung für den jungen Menschen, um ihn selbständig und eigenverantwortlich handlungsfähig zu machen. Kindergarten und Schule dürfen keinesfalls die einzigen Sozialisationsinstanzen werden neben Horten, Vereinen und privaten Kursanbietern. Der Familie kommt hier eine große Bedeutung zu, auch weil sie die erste Sozialisationsinstanz ist, die dem Kind begegnet. Gerade in den ersten Lebensjahren wird dort der

Grundstein gelegt für eine gesunde und ausgewogene Persönlichkeitsentfaltung. Die Grundschule aber muß heute oft kompensatorisch das nachliefern, was die Familie nicht geboten hat. Denn ansonsten ist auch das, was Schule eigentlich leisten soll, nicht mehr zustande zu bringen (*Struck*, 1997).
Demzufolge muß Grundschule ein doppeltes Anliegen haben: Einerseits soll sie den Eltern Mut machen zu mehr Vertrauen in ihre eigenen Erziehungskompetenzen. Andererseits soll sie Kindern Orientierungshilfen geben zur Bewältigung ihres Alltages. Rituale stellen solche Orientierungshilfen zur Alltagsbewältigung dar. Sie werden zeitweise von Kindern selbst kreiert und von diesen so lange beibehalten, wie sie zur Situationsbewältigung hilfreich erscheinen. Anschauliche Beispiele finden sich bei *Kaufmann-Huber* (1995), auch amüsante und nachdenklich stimmende, wie das „Knöpfchen drehen" als Einschlafritual eines Jungen: An seiner Bettdecke befanden sich Perlmuttknöpfe, die er anfänglich befingerte und mit zunehmendem Alter so lange drehte, bis sie abfielen und ständig neu angenäht werden mußten. Auf diese Weise lullte sich das kränkelnde, ängstliche Kind in den Schlaf (S. 24). Aus meiner eigenen Kindheit erinnere ich mich an den allmorgentlich ablaufenden Dialog zwischen „Frau Kritz" und „Frau Kratz", die sich in meinem Spiel beim Einkaufen trafen. In verschiedenen Stimmlagen gesprochen, wechselten die beiden fiktiven Spielpersonen jeden Morgen die immergleichen Worte. Dann kamen sie in meinen Kaufladen, und das Einkaufsspiel im Tante-Emma-Laden konnte beginnen. „Frau Kritz" und „Frau Kratz" begleiteten mich bis in das 1. Schuljahr hinein. Sie bildeten einen für mich verläßlich und beruhigend ablaufenden Tagesanfang, ein Morgenritual, in meiner mich beängstigenden Umwelt mit großen Anforderungen, die mich beständig zu überfordern drohten.
Auch heute schaffen sich Kinder ihre Rituale und Ruheinseln, um dann mit frischer Kraft explorierungsfreudig Unbekanntes zu erkunden und Neues zu erproben. So kann man sie heute zuweilen beobachten, wie sie mit angeschnallten Inlines auf einem Stein oder an eine Mülltonne gelehnt verweilen und mit ihrem Gameboy spielen oder ihr Tamagotchi füttern, ehe die bewegungsträchtige Inlinefahrt fortgesetzt wird. Müssen sie vor dem Unterricht oder an der Bushaltestelle warten, kann man –

meist Mädchen – in ein Klatschspiel vertieft sehen. Selbstversunken malen sie mit Kreide einfache Kreisbilder auf einen Plattenweg. So schaffen sich Kinder ihre eigenen Nischen der Ruhefindung, aus denen heraus sie dann wieder mit neuem Tatendrang explorieren können.

Aber Elternhaus, Kindergarten und Schule können ihnen auch solche Nischen bereitstellen und anbieten als Ruheinseln. Dieses Buch stellt rituelle Spiele vor als Orientierungshilfen zur Bewältigung des Alltages und zur Persönlichkeitsentfaltung für Kinder der Primarstufe. Es will aufzeigen, daß Kinder auch heute noch selbstvergessen spielen können und es auch wollen; und sowohl inhaltlich als auch organisatorisch rituell ablaufende Handlungssequenzen dankbar annehmen.

2. Rituale

2.1 Versuch einer Begriffsklärung

Will man ein *Ritual* im heutigen Bedeutungsgehalt erfassen, heißt das, Abgrenzungen zu bedeutungsähnlichen Begriffen vorzunehmen. Bei diesem Versuch der Abgrenzung des Rituals von anderen Begriffen kommen pädagogische Mittel wie Nischen, Spiele und Automatismen, aber auch rituelle Zwangshandlungen und Riten als Kulthandlungen zur Sprache.

In der Situation der **Nische** nach *Affolter* (1987) bietet die Umwelt sowohl die stabile Unterlage als auch stabile Seiten zur Orientierung in der Welt. Die Nische ist Quelle der Geborgenheit und Ausgangspunkt für das sich allmählich entwickelnde Wissen um die Umwelt und später um die Wirklichkeit, erkenntnis- und gefühlsmäßig (S. 23). Affolter versteht unter der Nische die konkreten Begrenzungen z. B. eines Badewännchens, eines Kinderwagens, eines Gitterbettchens oder eines Schaukeltieres auf dem Spielplatz. In Anlehnung an die Nischen als Mittel der Geborgenheit, spendet ein Ritual auch Geborgenheit, hier durch seinen verläßlichen immer gleichen und damit voraussehbaren Ablauf. Denn ein Ritual kennt keine Situationsanpassung.

Dagegen kann ein **Spiel** sich wandeln. Immer neue Spielvarianten können entstehen und dazukommen. Das ***rituelle Spiel*** ist festgelegt in seinem Spielverlauf. Man kann sich auf das Kommende mit Verlaß freuen und baut eine entsprechend positive Erwartungshaltung auf. Aus diesem Grund sind rituelle Spiele besonders bei Kindern beliebt, dienen der Angstabwehr und werden von ihnen ständig eingefordert.

Welche Beziehung hat nun aber der ***Automatismus*** zum Ritual? Ein Ritual kann automatisiert ablaufen, d. h. auf einer unteren Bewußtheitsebene; wenn es bereits vielfach immer gleich ausgeführt wurde. Es muß aber nicht zwingend automatisiert ablaufen. Es kann zwecks Beruhigung und Befriedigung, – als Stille-Ritual –, vom Individuum bewußt eingesetzt werden.

Allerdings gibt es auch ***rituelle Zwangshandlungen***, die zwar der Angstabwehr dienen, aber keine Weiterentwicklung der Person zulassen und keine echte Situationsbewältigung darstellen.

Auf Rituale als Entwicklungshemmer wird noch einzugehen sein. Im ursprünglichen Sinn ist ein **Ritus oder Kult** ein magischer oder gottesdienstähnlicher Brauch, vollzogen durch Worte, Gesten und Handlungen. Er war bei den Menschen der Urzeit gebunden an heilige Orte oder Zeiten. Mit Fruchtbarkeitsritualen beschwor man die Götter, gutes Wetter zu senden. Denn schlechte Ernten konnten den Hungertod bedeuten. In Fruchtbarkeitsritualen konnten die Menschen der Urzeit sich vor lähmenden Existenzängsten befreien (*Kaufmann-Huber*, 1995). Als gottesdienstähnlicher Brauch wurde und wird der Ritus oder Kult vollzogen beim Opfer und Gebet als Zeichen der Gemeinschaft mit dem Göttlichen. Ziel ist die Reinigung, Heilung, Versöhnung und Einigung mit dem göttlichen Wesen und die Erwirkung göttlichen Schutzes (Duden Lexikon). Wird eine Person zur **Kultfigur**, nimmt sie eine gehobene, in welcher Form auch immer herausragende, Sonderstellung ein, weil sie von diversen Zeitgenossen bezüglich bestimmter Eigenschaften hoch geschätzt wird. Eine Kultfigur muß zeitgeschichtlich gesehen werden. Goethes „Werther" könnte heute keine Kultfigur mehr werden. Zu seiner Zeit löste Werther wahre Selbstmordwellen aus. Heute ist der Film „Casablanca" Kult, ebenso das Musical „Hair".

Tiefenpsychologisch gesehen stellen **Rituale** archetypische Verhaltensformen dar und können als Brücken verstanden werden zu tieferen seelischen Schichten, die wir mit unserem Bewußtsein nicht mehr steuern können. Über diese Brücken als Hilfsmittel können dann dem Bewußtsein positive Kräfte zugeführt werden, so daß die Persönlichkeitsentfaltung weiterläuft. Oder es werden negative Kräfte mobilisiert, die zerstörerisch auf die Persönlichkeitsentfaltung wirken.
Landläufig versteht man heute unter Ritualen meist feierlich-religiöse oder weltliche Zeremonien wie Kommunion oder Konfirmation, Abendmahl, Abitursfeier, Vereidigung von Ministern, etc. Nach *Cavelius* (1998) sind Rituale Stille-Inseln für Kinder, in der für sie noch unberechenbaren Welt (S. 94).
Allen Ritualen ist gemein, daß sie *feststehende Handlungssequenzen* sind, die nach ganz bestimmten Regeln ablaufen und lange Zeit in dieser Form Gültigkeit haben, d. h. die als *tradiert und überraschungsarm* einzustufen sind.

Im heutigen Verwendungsbereich des Begriffes Ritual finden sich folgende Eckdaten:

1. Rituale laufen nach tradierten Regeln ab mit großer Regelmäßigkeit. Sie können durch räumliche, zeitliche und / oder soziale Veränderungen der Gesellschaft sinnentleert werden.

2. Sie können menschliches Leben an Wendepunkten oder Umschlagmarken regeln helfen, wenn der betreffende Mensch für das Neue noch keine konkret-sicheren und damit sichernden Verhaltensregeln entwickelt hat. So wirken sie präventiv als Krisenvorbeugung und machen es dem Menschen leichter, sich auf Neues einzulassen.

3. Sie helfen, schwierige und auch undurchsichtige Abläufe einzuteilen und so zu bewältigen. Sie stellen Merkhilfen dar für ähnliche Situationen, die mit dem Handlungsschema des Rituals gemeistert werden können.

4. Bei der Selbstorganisation des Individuums fungieren sie als Hilfen bei der „guten Ordnung" des Tagesablaufes (Aufsteh- bzw. Einschlafrituale).

5. Mit ihren verinnerlichten Handlungsschemata schaffen sie Vertrauen des Menschen in seine eigenen Fähigkeiten und dienen als Mittel zur Stärkung individueller Sicherheit, des Selbstwertgefühls und der Ausbildung einer Identität.

6. Rituale können entspannend wirken, weniger kognitiv-aktiv als eher emotional-passiv sich tragen lassend, als emotionale Wiegen.

7. Kollektive Rituale wirken gruppenintegrierend und erzeugen Wir-Gefühle.

2.2 Rituale im Verlauf der Persönlichkeitsentfaltung

Begreift man Entwicklung als einen interaktionistischen lebenslangen Prozeß, so werden sich individuelle Rituale und Gruppenrituale in jedem Lebensalter finden lassen. Zu den spontanen individuellen Kinderritualen gehören „Frau Kritz" und „Frau Kratz" und das „Knöpfchen-drehen" (siehe Einleitung). Weitere

Beispiele finden sich bei *Kaufmann-Huber* (1995). Sie werden von den Kindern so lange aufrecht erhalten, wie sie zur Situationsbewältigung brauchbar sind. Daneben gibt es die erfundenen Rituale oder rituellen Handlungen mit Kindern wie Töpfchen-, Einschlaf- und Geschichtenvorleserituale als Konstruktionen elterlicher Kognition zur Herausbildung der „guten Ordnung" beim Kind. Erfundene Gruppenrituale im Kindergarten- und Grundschulalltag werden später noch eingehend besprochen.

Auch Erwachsene pflegen Rituale wie die Zigaretten- und Kaffeepause, das Mittagsnickerchen, das Stück Schokolade nach dem Mittagessen oder vor der Schreibtischarbeit, das Schmusen mit dem Partner / der Partnerin, das Kraulen des Haustieres. Alle diese Rituale geben Sicherheit, wirken entspannend und lassen den Blick frei werden für die neue Aufgabe, der man sich danach wieder selbstsicher stellen kann.

Mit zunehmendem Alter hin zum Seniorendasein ist häufig weniger Exploratives in den Handlungen zu beobachten als eher rituell Statisches. Senilität kann auf diese Weise lange übertüncht werden von Ritualen. Denn diese rituell vollzogenen Handlungen funktionieren oft bis ins hohe Alter (weil automatisiert). Je größer das Repertoire an derartigen Handlungsmustern ist, desto später fällt den Mitmenschen im Alltag die Senilität des anderen auf. Denn neuartige Situationen werden von älteren Menschen sowieso tunlichst gemieden.

Rituale wirken in allen Bereichen der Persönlichkeitsbildung und geben ganzheitlich Sicherheit, so daß das Individuum zu seiner Mitte finden kann. Sie bilden eine entspannende Determinante, die als Gegengewicht zu explorierender Kreativarbeit gesehen werden kann. Denn ständig aktives Sich-Einbringen in das Unterrichtsgeschehen mit Anforderungen an eigene Handlungsplanung ist anstrengend und bedarf einer entspannenden Phase zum Ausgleich. Hier kann sich das Individuum getragen fühlen in einer emotionalen, sprachlichen, senso-motorischen und sozial-kommunikativen Wiege. Es gleitet dahin, spult teils automatisierte Handlungssequenzen ab, ist sich des Spielausganges gewiß, entspannt dabei und schöpft neue Kraft für späteres Explorieren. Rituale können in diesen sprachlichen, emotionalen, kognitiven, sozialen und / oder senso-motorischen Bereichen wirken.

Rituale sind feststehende Handlungssequenzen, welche ...	
... man mit immer gleichen Sprachmustern bewältigen kann	[sprachliche Wirkung]
und/oder	
... in verläßlicher Weise ablaufen, worauf man sich freuen kann	[emotionale Wirkung]
und/oder	
... Strukturierungshilfen darstellen bei der Selbstorganisation des Tagesablaufes (Antizipation)	[kognitive Wirkung]
und/oder	
... automatisiert ablaufen und in dieser Abfolge der „guten Ordnung für alle" nicht in Frage gestellt werden	[soziale Wirkung]
und/oder	
... man mit immer gleichen motorischen Handlungsmustern bewältigen kann	[motorische Wirkung]

Abb. 1: *ganzheitliche Wirkung der Rituale*

Ein Beispiel ist das Begrüßungsritual „Guten Morgen, ihr Beinchen!"

Guten Morgen, ihr Beinchen!
Wie heißt ihr denn?"
„Ich heiße Hampel."
„Und ich heiße Strampel."
„Ich bin das Füßchen Übermut."
„Und ich bin das Füßchen Tunichtgut."

Übermut und Tunichtgut gehen auf die Reise,
patschen durch alle Sümpfe,
naß sind Schuh' und Strümpfe.
Guckt die Mutti um die Eck,
laufen sie alle beide weg.

Senso-motorischer Bereich:
Das Spiel lenkt die Aufmerksamkeit auf die Füße und Beine. Damit hilft es, ein Körperschema aufzubauen. Man kann sich

kaum vorstellen, wo mancher Erstkläßler zuweilen hindeutet, wenn er seine Füße meint! Die rhythmisch gebundene Bewegung der Beine weckt propriozeptive und taktile Reize und verlangt deren Verarbeitung. Beim Weglaufen schließlich ändert sich der Muskeltonus, und das Kind erreicht einen anderen Grad des Wachseins.

Sprachlicher Bereich:
Die in Vers gebrachte Sprache fördert den Sprachduktus, gibt rhythmische Hilfe, dient als akustische Wiege, leitet an zu richtigem Atmen und damit zu sinnfassendem und flüssigem Sprechen.

Kognitiver Bereich:
Die Möglichkeit der Handlungsantizipation gibt Stabilität und bildet einen wichtigen Gegenpol zu Situationen, in denen den Kindern eigene Handlungsplanung abverlangt wird.

Emotionaler Bereich:
Der mit der Zeit automatisierte Bewegungs- und Sprachverlauf setzt Ressourcen frei für emotional positives Befinden mit Gruppenzugehörigkeit und einem Gefühl des Eingebunden-Seins.

Damit hat das Gruppenritual einen berechtigten Stellenwert bei der Persönlichkeitsentfaltung, auch bei der Arbeit im Grundschulalltag. *Prengel* (1995) schreibt dazu: „Offener Unterricht mit Anerkennung der Einzelnen und der Freiheiten der Freien Arbeit ... setzt ... ein dichtes Geflecht aus vorgegebenen und aus gemeinsam erarbeiteten Regeln und Transparenz, Vorhersehbarkeit, Sicherheit und Verläßlichkeit gewährenden Ritualen voraus" (S. 193-194).

Denn Lerngruppenbildung bedeutet:
– sich mit anderen, die in der gleichen Situation sind, zusammentun;
– sich mit anderen verbunden fühlen, um gemeinsam stärker zu sein;
– gemeinsam nach Spiel-, Umgangs-, Arbeitsformen suchen, die ein gedeihliches Zusammenarbeiten ermöglichen.

In der Grundschule gibt es diese didaktisch-methodischen Überlegungen, die eine richtunggebende Sicherheit vermitteln wollen.

Das Setzen von Grenzen und das Respektieren solcher als zentrale Bildungsinhalte der Pädagogik bedingen bestimmte didaktische Mittel. Kollektive Rituale stellen ein derartiges didaktisches Mittel im Grundschulvormittag dar.

2.3 Rituale als Entwicklungshemmer

Aber Rituale sind nicht per se im positiven Sinn entwicklungsfördernd. Individuelle Rituale können in Umbruchsituationen helfen, diese besser zu bewältigen. Ist der Grund der Krise aber überwunden, verschwinden sie wieder. Wenn aus dem individuellen Ritual hingen eine rituelle Zwangshandlung wird, dient sie durchaus noch immer der Angstabwehr, wirkt aber nicht mehr entwicklungsfördernd. In diesem Fall flüchtet sich die Person in einen Ritus, der dann zum Tick, zur Marotte und zur Zwangshandlung abtriftet. So geschah es bei dem 9jährigen Landjungen, der erst zufrieden war, wenn er auf seinem Heimweg von der Schule unterwegs alle offen stehenden Gartentürchen hat schließen können. Ein solcher Zwang bedarf psychiatrischer Hilfe.

Gruppenrituale, die das kollektive Wir-Gefühl stärken, können auch manipulierend wirken und in diesem Sinne eingesetzt werden, wie

– politisch manipulierende Rituale bei Neo-Faschisten,
– sog. religiöse Riten zweifelhafter Heilslehren,
– gefährliche Mutproben.

Vor ihnen ist zu warnen. Sie bringen die Entwicklung einer Persönlichkeit nicht weiter.

Jedoch: Gruppenrituale des Kindergartens und der Grundschule bringen die Kinder beizeiten mit deren positiven Kräften in Verbindung. Eine sensible Pädagogin merkt dabei, wenn einem Kind eine rituelle Handlung mißfällt und gibt ihm Gelegenheit, auszusteigen.

3. Kollektive Rituale im Grundschulalltag

	Rituale als ...
pädagogisch eingesetzte Mittel, die organisatorisch immer gleich ablaufen [organisatorisch rituell]	Handlungssequenzen, die inhaltlich immer gleich ablaufen [inhaltlich rituell]

Abb. 2: *Rituale als pädagogische Mittel*

Als <u>*inhaltlich rituelle*</u> *pädagogische Mittel* sind rituelle Gruppenspiele anzusehen. Wir grenzten das Spiel ab vom Ritual, indem wir seine Möglichkeit der Wandlung, der Veränderung, betonten. Aber jedes *Spiel mit festem Verlauf* und Gruppenspielcharakter kann positive Ritualwirkung zeigen, wenn folgende Bedingungen erfüllt sind:

- jeder Mitspieler kennt den Verlauf,
- niemand wird ausgegrenzt,
- kein einheitliches Leistungsniveau wird abverlangt, der einzelne Mitspieler wird mitgezogen,
- die Gemeinsamkeit des Gruppenspiels muß jedem Mitspieler bewußt sein,
- angenehme multisensorische Wahrnehmungen treten ein.

Solche psychomotorischen Spiele mit Ritualwirkung sind Rhythmikspiele mit Fingergeschick, Handgeschick, Fuß- und Laufgeschick, Gesamtkörper- und Darstellungsgeschick.

Als <u>*organisatorisch rituelle*</u> *pädagogische Mittel* sind solche einzustufen, die in ihrer äußeren Organisationsform im Schulvormittag immer gleich ablaufen. Dabei können und werden sie inhaltlich täglich Verschiedenes umfassen. Hierzu gehören Morgenkreise, Aktive Pausen und Tägliche Bewegungszeiten, Entspannungsspiele und Mandala-Meditation.

3.1 Inhaltlich rituelle Gruppenspiele: Rhythmikspiele

Es herrscht Uneinigkeit bezüglich der Rhythmikdefinition. *Stabe* (1996) faßt Rhythmik unter Einbezug mehrerer Rhythmik-Definitionen aus der Literatur als einen ganzheitlichen Handlungsansatz: Erziehung durch Rhythmik [als Mittel] zur Rhythmik [als Fähigkeitsbereich mit fachlichen Inhalten]. Rhythmik wird in der Pädagogik, Therapie und Freizeit angewandt unter Nutzung der Mittel: Musik, Bewegung, Sprache und Medien. Diese Mittel setzen Erlebnissituationen, Gestaltungs- und Lernprozesse in Gang und intensivieren damit motiviertes Lernen. Nach Ansicht ganzheitlich ausgerichteter Bewegungsforschung erfolgt über die Rhythmuswahrnehmung eine nicht-bewußtseinsfähige Selbstorganisation der Bewegungsregulation. Rückinformationen über Bewegungsausführung haben dabei für den Lernprozeß zentrale Bedeutung. Aber nicht nur die Bewegungsausführung hat in der Rhythmik ihren Stellenwert, sondern der Schüler wird in seiner ganzheitlichen Entwicklung und seinem ganzheitlichen Erleben unterstützend gefördert. Über rhythmische Prozesse lassen sich außer Bewegungssicherheit auch Wahrnehmungsfähigkeit, Mitteilungs- und Sprachverständigung, Dosierung von Gefühlen und gruppendienliches Spielverhalten und damit persönlichkeitsfördernde Qualifikationen erwerben (*Jackel*, 1998b).
Rhythmiklieder stellen in ihrer einfachen rhythmisch-musischen Form Anregungen dar zum Spielen, Darstellen, Tanzen und natürlich auch zum Singen. Freude an der Bewegung, am Ausleben des Rhythmus im ganzheitlichen Geschehen des Grundschulalltages sind Voraussetzung genug für ein Gelingen. Das Rhythmikspiel verkörpert die Einheit von Bewegung, Sprache und Rhythmus als Ganzheit im Sinne des Selbstverständnisses von Musik. Denn das Gestaltungsprinzip rhythmisch-musischer Erziehung ist ein Zusammenwirken und gegenseitiges Durchdringen von Bewegung, Klang und Sprache, gebunden in einen Rhythmus: Die Soundsequenz ist der strukturelle Rahmen, durch den die optische Darstellung (Bewegung), die verbal-begleitende Beschreibung (Sprache) und die akustischen Elemente (Musik) angesteuert werden. Die Rhythmikspiele mit ihren vorgegebenen Bewegungsabläufen sind elementar im Sinne von leicht verständlich und eingängig. Ihre musikalischen Strukturen sind eindeutig, und die Umsetzung in

Bewegung gelingt gut, weil die Kinder über den Text und die Spielhandlung in ihrer inneren Vorstellung geleitet werden. Hier sind als Gegenpol zu eigener Handlungsplanung, die für Kinder sehr anstrengend sein kann, feststehende Handlungssequenzen vorgegeben, die im Laufe des wiederholenden Übens automatisiert werden. Die Aufforderung zum Tanz, zum Spiel, zur Mimik und Gestik hängt dabei von der Aussage des Textes ab; d. h. die Motorik wird gelenkt durch die Aufforderungen des Textes. Diese Texte der Rhythmikspiele erscheinen oft wenig sinnvoll, dümmlich und aus einer „verkehrten Welt" als Unsinn-Texte. Ihr Nonsens zeigt sich in folgenden Elementen: als Freiheit von Sinnhaftigkeit, Moral (stellt sie auf den Kopf) und Gesetzen der Optik, als Gedankenfreiheit, Freiheit der Sichtweise (Ansicht), Befreiung von Vernunft im Witz und als Freiheit des Spieles um seiner selbst willen. *Krüss* sieht Nonsens und Freiheit als zwei Seiten einer Medaille. Er fordert in seiner Verssammlung „Seifenblasen zu verkaufen" (1972): „Geben wir den Kindern der Welt, die die Freiheit bisher so wenig erprobt hat, ein Quentchen Nonsens, denn das ist: ein bißchen Freiheit" (S. 234, 235).

Rhythmikspiele umfassen all das, was als Bewegungsspiel, Singspiel oder Spiellied bezeichnet wird. Ihre rhythmische Bindung stellt sich dabei entweder im Sound (in der Melodie) dar oder im Sprechrhythmus (in der Versform und Reimbindung). Im folgenden werden die Rhythmikspiele kategorisiert nach der Geschicklichkeit, die sie bestimmten Bereichen des menschlichen Körpers abverlangen:

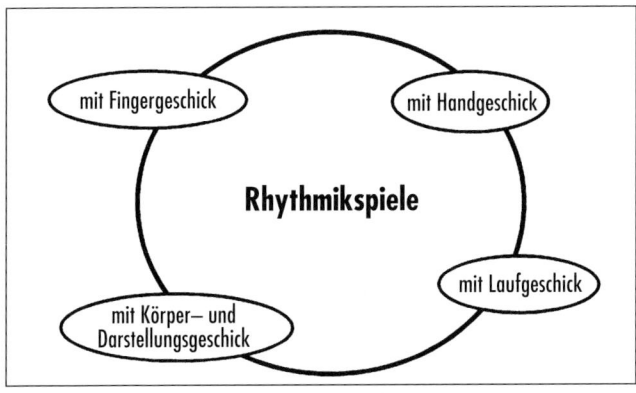

Abb. 3: das Rhythmikspiel und seine Teilbereiche

Die theoretischen Ausführungen über Rhythmikspiele sind größtenteils dem Buch „Kinder orientieren sich – Spiele zur Entfaltung psychomotorischer Handlungskompetenz" (*Jackel*, 1998b) entnommen. In den themenspezifischen Literaturverzeichnissen des vorliegenden Buches findet man praxisorientierte Anschlußliteratur mit Spielbeispielen zu den einzelnen Kategorien des Rhythmikspieles mit Finger-, Hand-, Fuß-/Lauf-, Körper- und Darstellungsgeschick.

Fingergeschick:
Fingerspiele gehören zu den ersten Spielen des Kindes. Heute werden sie fast nur noch im familiären Bereich gespielt. Erziehende Personen halten sie in Kindergärten und Kindergruppen nicht mehr für zeitgemäß, so *Dürr* und *Stiefenhofer* (1997). Aber sie sind bis ins 1. Schuljahr der Grundschule hinein für die Kleinen nicht nur interessant, sondern auch außerordentlich förderlich. Denn grob- und feinmotorische Systeme sind beim Erstschreibenlernen beteiligt. Sie bilden eine funktionelle Einheit im reibungslosen Zusammenspiel von Rücken-, Nacken-, Arm- und Handmuskulatur. Das Zusammenwirken dieser Muskeln und Muskelgruppen sowie das Ausschalten hemmender Funktionen muß bei der feinmotorischen Arbeit bereits *vor* dem Beginn des Schreiblehrganges berücksichtigt werden. Deshalb heißt es in den ersten Wochen für die I-Männchen nicht mit dem Schreibenlernen von Buchstaben anzufangen und nicht, es bei einigen wenigen halbherzig dargebotenen Schwungübungen zu belassen. Hier muß mit einer Bandbreite an feinmotorischen Übungen zur Verbesserung der graphomotorischen Fähigkeiten in Form von Kräftigungs- und Lockerungsübungen angesetzt werden. Bei den Abzählversen sind eindeutige Zuordnung von Silbe und Person, Richtungseinhaltung und Mitzählen der eigenen Person gefragt. Neben der Geschicklichkeit der Finger werden so auch Raumlagen, Hand-Augen-Koordination und Zeit- und Raumgefühl angesprochen.

Handgeschick:
Rhythmikspiele mit Handgeschick sind die zahllosen Klatschspiele, welche die Kinder im schulischen Bereich wie in der Freizeit mit Begeisterung spielen. Sie haben auch in Aktiven Pausen- und Spielzeiten des Grundschulvormittages ihren Platz. Die in

einen Rhythmus gebundene Sprache hilft, Raum- und Zeitgefühl zu entwickeln. Die Zeit, die der rhythmische Rahmen setzt, muß im Bewegungshandeln des Klatschens optimal genutzt werden. Dabei heißt es, sich in hohem Maße zu konzentrieren und aufmerksam zu sein, Text und Klatschfolgen zu erlernen, zu speichern und fehlerfrei wiederzugeben, sonst wird man mit einer schwereren Spielvariante „bestraft" (in die Hocke gehen / rückwärts oder auf einem Bein ...).

Laufgeschick:
Die Koordination der Fußbewegungen und die Augen-Fuß-Koordination sind vor allem bei Tanzspielen erforderlich. Bei dieser Spielekategorie fallen besonders die „hölzernen Bengele" und die hyperaktiven Kinder auf. Die ersteren können mit viel zu viel Krafteinsatz und ohne rhythmisches Empfinden eine ganze Spielgruppe aus dem Takt bringen. Die hyperaktiven Kinder erschweren durch ihre Umtriebigkeit und innere Unruhe das sozialkommunikative Miteinander. Sie geraten bei Tanzspielen zuweilen in einen Bewegungsrausch, bei dem sie Arme und Beine kaum bei sich behalten können. Für beide Gruppen dient die vorgegebene Melodie als „akustische Wiege" im Sinne einer stabilen Unterlage nach *Affolter* (1987), die einen Teil der Welt fest bleiben läßt und das emotionale Befinden dosieren hilft.

Gesamtkörper- und Darstellungsgeschick:
Unter Rhythmikspielen mit Gesamtkörpergeschick sind solche zu verstehen, die gesamtkörperkoordinative Bewegungsmuster von den Spielern abverlangen. Körperkoordination als Bewegungsgrundfähigkeit verfeinert sich im Elementar- und Primarbereich; und die Mitbewegung nahegelegener Körperteile verliert sich nach und nach. Die einzelnen Bewegungssequenzen werden damit präziser, effektiver und besser koordiniert. Hierbei handelt es sich um Mehrfachhandlungen. Sie können einzelne Körperteile nacheinander ansprechen (z. B. „Zunge rein, Zunge raus") oder ein konzertiertes Bewegungsgesamt verschiedener Einzelabläufe erfordern (z. B. „Pferderennen").
Beim Darstellungsgeschick steht der Ausdruck emotionalen Befindens und des Sich-Hineinversetzens in die Spielrolle im Vordergrund. Es sind Spiele zur Bewegung mit Gemütsausdruck. Auch wenn Text und Bewegungsformen vorgegeben sind, bringt

doch jedes Kind im Spiel seine persönlichen Nuancen der Darstellung zum Ausdruck, sein persönliches rhythmisches Verhalten, seinen Subjektrhythmus (*Effenberg*, 1996). Hierher gehören auch die tänzerischen Kurzspiele aus der Reihe „Schwingungen", PAN Verlag (*Bächli*, 1985).

Im folgenden sind einzelne Fähigkeits- und damit Förderbereiche der Rhythmikspiele aufgeführt. Zugeordnet wurden jeweils diejenigen Spiele der Folgekapitel, welche die betreffenden Qualifikationen besonders fördern. Die Spiele sind mit Kapitelangabe und Spielnummer angegeben.

Rhythmikspiele und die von ihnen geförderten Qualifikationen				
senso-motorische Fähigkeiten				
	Kapitel 3.1.1	Kapitel 3.1.2	Kapitel 3.1.3	Kapitel 3.1.4
	Spiel Nr. :			
Augen-Hand-Koordination	1, 2, 3, 4, 5, 7, 8	1, 4, 5, 6, 7, 8, 9, 10	11	1, 4, 5
Augen-Fuß-Koordination		8, 9	1, 2, 3, 4, 5, 11	2, 3, 8
Gesamtkörperkoordination		8	2, 6, 7, 11	2, 4, 7, 8
Kraft, Ausdauer		8	3, 4	
Geschicklichkeit, Bewegungsrhythmus		1, 8, 9	1, 2, 5, 7, 8-10, 11	1, 2, 8, 9, 10
Einheit von Sprache/Rhythmus/Motorik über die Bewegung erfassen		1, 2, 4, 5, 6, 7, 8, 9, 10	1, 3, 5, 6, 7, 11	1, 2, 3, 4, 5, 6, 7, 8, 9, 10
sozial-kommunikative Fähigkeiten				
	Kapitel 3.1.1	Kapitel 3.1.2	Kapitel 3.1.3	Kapitel 3.1.4
	Spiel Nr. :			
Empathie (Sichtweise des Spielpartners bedenken)	2	3	2, 6, 7	2, 7, 9
Einzelarbeit im räumlichen Miteinander	1, 3, 4, 5, 7			1, 4, 5, 10
Spielregeln akzeptieren und einhalten	8	4, 5, 6, 7, 8, 9, 10	2, 3, 4, 5, 6, 7	2, 5, 7, 8, 9
Behutsamkeit im Umgang miteinander	2, 6	2, 3	1, 2, 5, 6, 7	2, 8

Abb. 4a: Rhythmikspiele und ihre Bereiche, die sie besonders fördern

Rhythmikspiele und die von ihnen geförderten Qualifikationen				
kognitive und sprachliche Fähigkeiten				
	Kapitel 3.1.1	Kapitel 3.1.2	Kapitel 3.1.3	Kapitel 3.1.4
	Spiel Nr. :			
Spielregeln verstehen/merken/umsetzen	8	1, 8	3, 4, 5, 6	2, 3, 4, 5, 6, 7, 8, 9
Sprachsequenzen merken/wiedergeben	1, 4, 7, 8	2, 4, 5, 6, 7, 8	7, 11	2, 3, 5, 6, 7, 9, 10
Sprachstrukturen intuitiv erfassen/automatisieren	8	2, 8	2	2, 5, 10
feststehende Handlungssequenzen antizipieren	7	4, 5, 6, 8	3, 4, 5, 7, 11	2, 4, 5, 6, 8, 9, 10
Einheit von Sprache/Rhythmus/Motorik über den Text erfassen	8	1, 2, 4, 5, 6, 7, 10	3, 4, 5, 7, 11	2, 3, 7, 8, 9, 10
emotionale Fähigkeiten				
	Kapitel 3.1.1	Kapitel 3.1.2	Kapitel 3.1.3	Kapitel 3.1.4
	Spiel Nr. :			
sich wohlfühlen im Spiel („emotionale Wiege"; beruhigend)			1, 11	2, 4
sich zur Spielgruppe zugehörig fühlen			4, 5, 6, 7, 8, 9, 10	1	2, 4, 5, 6, 8
Gefühlsausdruck spieladäquat in Mimik/Gestik	1			1, 2, 4, 5, 6, 8

Abb. 4b: *Rhythmikspiele und ihre Bereiche, die sie besonders fördern*

3.1.1 Rhythmikspiele mit Fingergeschick

Nr. 1 „Wulle-Wulle und Wutzchen"
 (nach mündlicher Überlieferung; Sprechrhythmus über den Reim)

Wulle-Wulle und Wutzchen gingen in'n Laden,
wollten für'n Zehner Eiscreme haben.
„Für'n Zehner Eiscreme gibt es nicht!"
Wulle-Wulle und Wutzchen ärgern sich.
(*Jackel*, 1998b)

Die beiden Daumen sind Wulle-Wulle und Wutzchen. Sie marschieren auf den Eisladen zu (Zeilen 1 und 2). Die gefalteten Hände bilden jetzt den Eisladen. Sind die Daumen dabei ge-

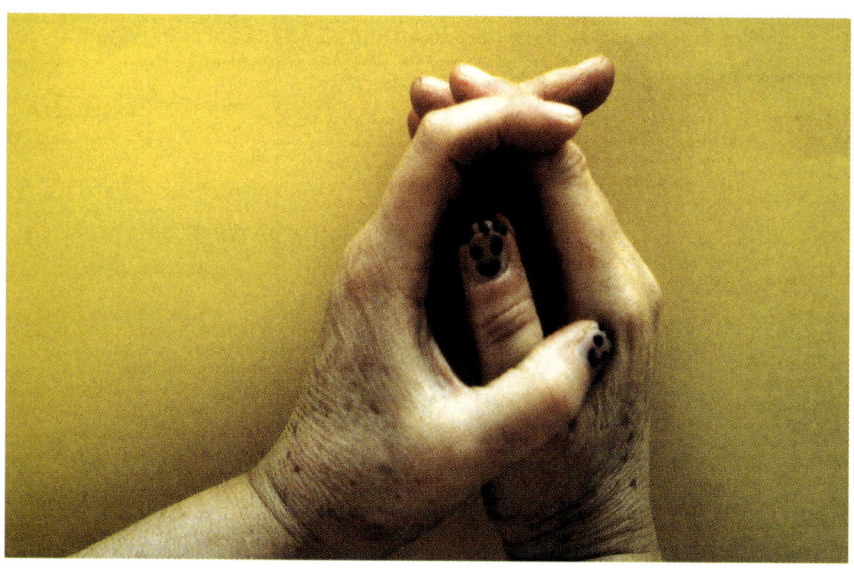

Abb. 5: „Wulle-Wulle und Wutzchen"

kreuzt, schaut der eine Daumen als Eisverkäufer heraus und spricht (Zeile 3). In der 4. Zeile trollen sich die beiden Daumen als Wulle-Wulle und Wutzchen wütend davon. Es bleibt der subjektiven Gestaltungsvariante des Spielers überlassen, wie er die Wut der beiden Spielfiguren ausdrückt.

Nr. 2 „Schellen oder kloppen"
    (nach mündlicher Überlieferung; Sprechrhythmus über den Reim)

Geht ein Männlein die Treppe hinauf,
bleibt ein bißchen hocken,
geht ein Stückchen weiter hinauf:
„Soll's schellen oder kloppen?"
(Jackel, 1998b)

Ein Kind läßt auf dem Arm eines anderen Kindes Zeige- und Mittelfinger im Rhythmus des Sprechverses vom Handrücken bis zur Armbeuge hinauflaufen (Zeile 1). Dort ruhen sich die Finger einen Moment lang aus (Zeile 2), ehe sie den Oberarm hinaufmarschieren bis zur Schulter (Zeile 3). Nun wird dem Mitspieler die

Frage gestellt, ob das Männlein schellen (am Ohrläppchen ziehen) oder klopfen (an die Stirn pochen) soll. Beim zweiten Durchgang werden die Rollen unter den Kindern getauscht. Damit ist sichergestellt, daß das Schellen und Klopfen sanft ausfällt.

Nr. 3 „Die Katze schleicht"
(nach mündlicher Überlieferung; Sprechrhythmus über den Reim)

Das Kätzchen läuft die Treppe hinan,
hat ein buntes Jäckchen an,
Messerchen an der Seiten.
„Wo willst du hinschreiten?"
„Will schreiten zu Wiedemanns Haus,
will mir holen 'ne fette Maus."

Zwei Kinder sitzen einander gegenüber. Zeigefinger und Mittelfinger des einen Kindes spielen die Katze und laufen auf dessen Unterarm entlang, während das Kind Zeile 1 und 2 spricht. Bei Zeile 3 bildet der Daumen das Messerchen an der Seite des Zeigefingers.
Das zweite Kind formt mit seinen Händen zwei Mäuse, indem es die flache Hand am Handrücken etwas anhebt und die Finger eng zusammenschiebt. Die Mäuse müssen bis zum Arm des anderen Kindes vorlaufen. Das zweite Kind stellt die Frage: "Wo willst du hinschreinten?" (Zeile 4). Jetzt antwortet die Katze (Zeilen 5 und 6). Bei „Maus" darf die Katze nach den Mäusen greifen. Die Mäuse aber ziehen sich auf das Stichwort hin schnell zurück. Vielleicht erwischt die Katze doch eine Maus?

Nr. 4 „Kinderfinger"
(zur Melodie von „Zehn kleine Negerlein")

Zehn klebrige Kinderfinger
fahren in das Mus,
fahren in das Mus;
hat die Mutter sie entdeckt,
ruft sie: „Jetzt ist Schluß!"
Hat die Mutter sie entdeckt,
ruft sie: „Jetzt ist Schluß!"
[mit dem Zeigefinger in einen imaginären Mustopf fahren und zum Mund führen]

Zehn nasse Kinderfinger
malen an die Wand,
malen an die Wand;
hat es einer doch entdeckt,
sind sie weggerannt.
Hat es einer doch entdeckt,
sind sie weggerannt.
[mit allen 10 Fingern zugleich Kreise in die Luft malen; rechte Hand rechts herum, linke Hand links herum]

Zehn verdreckte Kinderfinger
kommen müd' nach Haus',
kommen müd' nach Haus';
waschen sich mit Seife ab
und ruhen sich dann aus;
waschen sich mit Seife ab
und ruhen sich dann aus.
[mit den Fingern auf den Oberschenkeln oder dem Schultisch trippeln; Waschbewegungen]

Zehn eiskalte Kinderfinger
war'n in Schnee und Eis,
war'n in Schnee und Eis;
krabbeln unter ihren Po
und werden wieder heiß,
krabbeln unter ihren Po
und werden wieder heiß.
[mit steif ausgestreckten Fingern ungelenk auf dem Tisch oder den Oberschenkeln laufen; sich daraufsetzen]

Zehn heiße Kinderfinger
schleichen um die Eck',
schleichen um die Eck';
kitzeln einen Kinderbauch
und rennen ganz schnell weg,
kitzeln einen Kinderbauch
und rennen ganz schnell weg.
[mit gekrümmten Fingern Schleichbewegungen zum Banknachbarn / Nachbarn im Sitzkreis hin ausführen und dessen Bauch kitzeln]

Nr. 5 „Rum – didel – dal"

Rum, rum, rum – didel – dal,
werden bald die Bäume kahl,
strickt uns Mutti einen Schal.

Rum, rum, rum – didel – daus,
ist der Winter dann bald aus,
macht sie ein Paar Söckchen draus.

Die Kinder sitzen im Schneidersitz. Jedes Kind darf sich ein Wollknäuel und eine gekürzte Papprolle aus einem Korb nehmen. Das Wollende wird mit einem Klebestreifen an der Papprolle befestigt, damit es beim Wickeln einen leichten Anfang gibt. Jetzt wird die Wolle in den Zeilen 1 bis 3 mit der rechten Hand unter rhythmischer Unterstützung durch den Text auf die Papprolle aufgewickelt [kreisende Bewegungen des rechten Handgelenkes]. In den Zeilen 4 bis 6 wird die Wolle mit der linken Hand unter rhythmischer Unterstützung durch den Text wieder auf das Ursprungsknäuel zurückgewickelt [kreisende Bewegungen des linken Handgelenkes].
Spielvariante:
Im Uhrzeigersinn vs. entgegen des Uhrzeigersinnes wickeln.

Nr. 6 „Der Taler"
    (nach mündlicher Überlieferung; Sprechrhythmus über den Reim)

Da hast'n Taler,
geh' auf'n Markt,
kauf dir 'n Kühchen,
Kühchen hat'n Kälbchen,
Kälbchen hat'n Schwänzchen
und ein Rulle-Rulle-Ränzchen.

Bei diesem Spiel zur Sensibilisierung der Handinnenfläche sitzen oder knien sich die Spielpartner gegenüber. Der eine hält dem anderen eine Handfläche entgegen. Der zweite Spieler streicht rhythmisch fünfmal mit seinen Fingern über die Handinnenfläche des Partners und spricht dazu Zeile 1 bis 5. In der 6. Zeile kitzelt er die hingestreckte Handinnenfläche oder den Bauch des Spielpartners. So bleibt ein Überraschungsmoment.

Beim zweiten Durchlauf des Spieles wechseln die Kinder ihre Rollen.

Nr. 7 „Roll rüber!"

Abb. 6: „*Roll rüber*"

Sie war'n zu fünft im Bett,
und der Kleine sprach: „Rollt rüber, rollt rüber!"
Plumps.
Sie war'n zu viert im Bett,
und der Kleine sprach: „Rollt rüber, rollt rüber!"
Plumps.
Sie war'n zu dritt im Bett,
und der Kleine sprach: „Rollt rüber, rollt rüber!"
Plumps.
Sie war'n zu zweit im Bett,
und der Kleine sprach: „Rollt rüber, rollt rüber!"
Plumps.
Er war allein im Bett,
und der Kleine sprach: „Roll rüber, roll rüber!"
Plumps.
Sie waren null im Bett,
und keiner sprach: „Rollt rüber, rollt rüber!"

Sie war'n zu fünft im Bett, ...

Die Kinder sitzen nach einer Seite hin ausgerichtet. Die Lehrkraft plaziert sich in gleicher Richtung, sonst gibt es Schwierigkeiten bezüglich der Raumlage (Rechts- / Linksprobleme).

Rechte Hand beginnt:
Zeile 1: Die fünf Finger der rechten Hand werden hochgestreckt; mit dem Handrücken zum Gesicht.
Zeile 2: Der Zeigefinger der linken Hand deutet auf den „Kleinen" und verweist nach links.
3. Zeile: Der sich ganz links befindende Finger (Daumen) fällt aus dem Bett; hier: wird eingeknickt.
In den folgenden Strophen fallen Zeigefinger, Mittelfinger, Ringfinger und kleiner Finger aus dem Bett, bis zur Faust.

Linke Hand.
Zeile 1: Die fünf Finger der linken Hand werden hochgestreckt; mit dem Handrücken zum Gesicht.
Zeile 2: Der Zeigefinger der rechten Hand deutet auf den „Kleinen" und verweist nach rechts.
3. Zeile: Der sich ganz rechts befindende Finger (Daumen) fällt aus dem Bett; hier: wird eingeknickt.
In den folgenden Strophen fallen Zeigefinger, Mittelfinger, Ringfinger und kleiner Finger aus dem Bett, bis zur Faust.
Dieses Fingerspiel eignet sich für das 1. Schuljahr. Die Kindergruppe sollte sich in diesem Alter dabei immer nach einer Seite hin ausrichten wegen der noch bestehenden Unsicherheiten in der Seitigkeit. Im Kreis kann das Spiel noch im 3. und 4. Schuljahr zu Lateralitätsproblemen führen.

Damit die Kinder sich die Situation besser vorstellen können, kann das Spiel zunächst auf der Turnmatte mit fünf Kindern demonstriert werden. Eine Rahmengeschichte stimmt die Kinder ein:
„Fünf Geschwister sind eines abends alleine zu Hause. Sie hören seltsame Geräusche im Haus. Es knackt und knarrt. Ängstlich schlüpfen sie alle zusammen in ein Bett und legen sich, wie die Kuchengäbelchen in der Besteckschublade, Seite an Seite (der Kleinste liegt ganz rechts an der Wand). Das Bett steht rechts an der Wand. Dem Kleinsten wird es umbequem, er beginnt zu quengeln und ruft: „Rollt alle mal rüber, ich brauche Platz!" Jetzt

drehen sich die anderen alle nach links und – plumps – fällt derjenige aus dem Bett, der ganz links liegt. So fallen nacheinander alle fünf Schläfer aus dem Bett. Als sie nun alle am Boden liegen, wird ihnen hart und kalt. Sie krabbeln in ein anderes Bett und legen sich, wie die Kuchengäbelchen in der Besteckschublade, Seite an Seite (der Kleinste liegt ganz links an der Wand). Dieses Bett steht links an der Wand. Nun geht die ganze Geschichte von vorne an, bis die Eltern nach Hause kommen und jedes Kind zurück in sein eigenes Bettchen bringen."

Nr. 8 „Abzählverse für zwei, drei, vier, fünf, sechs und sieben Spieler"

zwei Spieler: (tradierter Reim)
Ich und   du,
Müllers   Kuh,
Müllers   Esel,
der bist   du!

drei Spieler: (tradierter Reim)
1   2   3,
das   Huhn,   das
legt   ein   Ei.
Der   Dot-   ter
fällt   he-   raus,
und   du   bist
aus!

vier Spieler:
1 und   2 und   3 und   vier,
unser   Nachbar   trinkt viel   Bier.
Seine   Frau, die   kommt   nach Haus.
Wie   geht die   Geschichte   aus?
Und   du   mußt   raus!

fünf Spieler: (tradierter Reim)
1,   2,   3,   4,   5,
strick   mir   ein   Paar   Strümpf!
Nicht   zu   groß   und   nicht
zu   klein,   sonst   mußt   du
der   Hasch-   mann   sein!

Worterklärung: „Haschmann" kommt von haschen, was so viel wie fangen bedeutet.

sechs Spieler: (tradierter Reim)

1,	2,	3,	4,	5,	6.
Im	*dunklen*	*Wald*	*wohnt*	*die*	*Hex'.*
Hexen-	*häuschen,*	*Hexen-*	*haus,*	*und*	*du*
bist	*aus!*				

sieben Kinder: (tradierter Reim)

1,	2,	3,	4,	5,	6,	7.
Wo	*ist*	*mei-*	*ne*	*Frau*	*ge-*	*blieben?*
Ist	*nicht*	*hier,*	*ist*	*nicht*	*da,*	*ging*
wohl	*nach*	*Ame-*	*ri-*	*ka!*		

Wer nach „Amer<u>i</u>ka" geht, ist weg und damit ausgeschieden.

3.1.2 Rhythmikspiele mit Handgeschick

Nr. 1 „Jack sitzt in der Küche"
(nach mündlicher Überlieferung, Grundschullehrerinnen abgeschaut; Sprechrhythmus über den Reim)

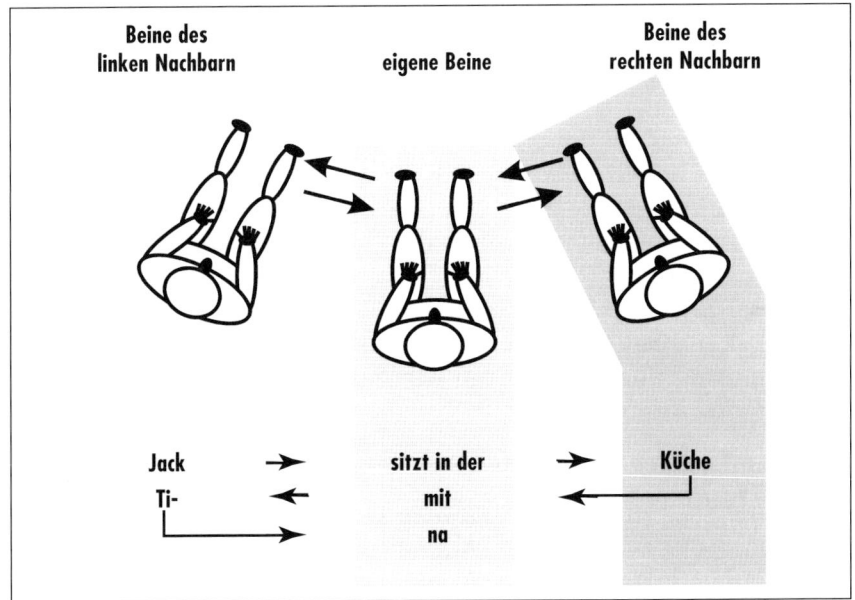

Abb. 7: „Jack sitzt in der Küche"

Jack sitzt	*in der*	*Küche*	*mit*	*Ti-*	*na,*
Jack sitzt	*in der*	*Küche*	*mit*	*Ti-*	*na,*
Jack sitzt	*in der*	*Küche*	*mit*	*Ti-*	*na*
und spielt	*auf dem*	*al-*	*ten*	*Ban-*	*jo.*

Abb. 8: „Jack sitzt in der Küche"

Die Kinder sitzen in der Reihe. Es werden die Oberschenkel rhythmisch beklatscht. In jeder Strophe wird begonnen mit den Oberschenkeln des rechten Nachbarn, dann kommen die eigenen dran, dann die Oberschenkel des linken Nachbarn, dann die eigenen ...
Jetzt werden die Namen verändert.
Mit geübten Kindergruppen kann das Spiel im Sitzkreis probiert werden. Aber auch bei vierten Klassen kann es im Kreis noch zu Irritationen kommt.

Variation: (einer Studentin abgeschaut)

Jack sitzt	*in der*	*Küche*	*mit*	*Ti-*	*na,*
Jack sitzt	*in der*	*Küche*	*mit*	*Ti-*	*na,*
Jack sitzt	*in der*	*Küche*	*mit*	*Ti-*	*na*
und spielt	*auf dem*	*al-*	*ten*	*Ban-*	*jo.*

Und das geht:
fli-	*plem-*	*fla-*	*plem-*	*fide-*	*leio,*
fli-	*plem-*	*fla-*	*plem-*	*fide-*	*leio,*
fli-	*plem-*	*fla-*	*plem-*	*fide-*	*leio*
und spielt	*auf dem*	*al-*	*ten*	*Ban-*	*jo.*

Die Kinder sitzen in der Reihe. Es werden die Oberschenkel rhythmisch beklatscht. Man beginnt mit beiden Händen auf den eigenen Oberschenkeln, wechselt dann einen Oberschenkel nach links, wobei die linke Hand auf den rechten Oberschenkel des linken Nachbarn klatscht. Die eigene rechte Hand klatscht auf den eigenen linken Oberschenkel. Dann folgt wieder ein Schlag auf die eigenen Beine und der nächste mit der rechten Hand auf das linke Bein des rechten Nachbarn und gleichzeitig mit der linken Hand auf den eigenen rechten Oberschenkel.
In der 4. Reihe imitiert man das Spielen auf dem Banjo.
Bei „fli" spielt man eine imaginäre Querflöte, bei „plem" tippt man sich mit dem Finger an den Kopf, bei „fla" spielt man Blockflöte und bei „fideleio" Geige.
Man kann dabei eine einfache Melodie singen. Sie wird von Strophe zu Strophe schneller.

Nr. 2 „Der Keksklauer"
(den Grundschullehrerinnen beim Spielen abgeschaut)

Der .... hat den Keks aus der Do- se geklaut.
[Oberschenkel, Hände, Oberschenkel, Hände, ...]

Wer, ich?
[Das angesprochene Kind spricht, alle klatschen.]

Ja, du!
[Die Klasse spricht, alle klatschen.]

Nie – mals!
[Das angesprochene Kind spricht, alle klatschen.]

Wer dann?
[Die Klasse spricht und klatscht.]

....
[Das Kind nennt einen neuen Namen, alle klatschen.]

Alle Mitspieler klatschen zusammen abwechselnd auf ihre Oberschenkel und in ihre Hände. Es wird während des ganzen Spieles durchgeklatscht. Die im Text angesprochenen Personen müssen ihren Sprechrhythmus dem Klatschrhythmus einfügen: klatsch Oberschenkel – klatsch Hände – klatsch Oberschenkel – klatsch Hände .... Zu jedem Klatschen wird eine Silbe gesprochen.
Die Spielleiterin beginnt. Sie setzt den ersten Namen ein. Der/die Angesprochene protestiert und setzt in der letzten Zeile einen neuen Namen ein.
Perfektionisten spielen das Klatschspiel mit höchster Konzentration so, daß zwischen den einzelnen Sprechsilben keine Zwischenklatscher entstehen. Diese Höchststufe der Konzentration kann erst nach längerem Üben über die gesamte Grundschulzeit hinaus erreicht werden.

Nr. 3 „Ich gebe einen Euro"
(nach einer mündlichen Überlieferung)

Ich gebe einen Euro.
[Der erste Spieler der Runde schlägt einmal leicht mit seiner Hand auf eine bezeichnete Stelle mitten auf dem Tisch – oder bei kniendem Spielkreis mitten auf dem Boden – und läßt sie mit dem Handrücken nach oben dort liegen.]

Ich gebe zwei Euros.
[Der zweite Spieler der Runde schlägt zweimal leicht mit seiner Hand auf die bereits liegende Hand, und läßt sie mit dem Handrücken nach oben dort liegen.]

Ich gebe drei Euros.
[Der dritte Spieler der Runde schlägt dreimal leicht mit seiner Hand auf die bereits liegenden Hände, und läßt sie mit dem Handrücken nach oben dort liegen.]
....

Ist keine rechte Hand mehr frei, geht das Spiel mit den linken Händen weiter. Schließlich werden die rechten Hände unten weggezogen und obenauf neu verwendet bis einer ruft:

Ich nehme alle Euros weg!
[Schnell ziehen alle Mitspieler ihre Hände zurück. Der letzte Rufer versucht, über der bezeichneten Stelle eine Hand zu fassen.

Der Gefaßte beginnt den neuen Spielverlauf. Wird keine Hand geschnappt, beginnt der letzte Rufer.]
Der Aufschlagrhythmus ist hier in der gleichmäßig schnellen Aufeinanderfolge des Handauflegens der Spielerrunde gegeben. Hält ein Spieler zu lange inne und hält den vorgegebenen Aufschlagrhythmus der Gruppe nicht ein, wird das Spiel langweilig. Denn die Spannung muß steigen bis zu dem Spieler, der die Euros wegnehmen will.

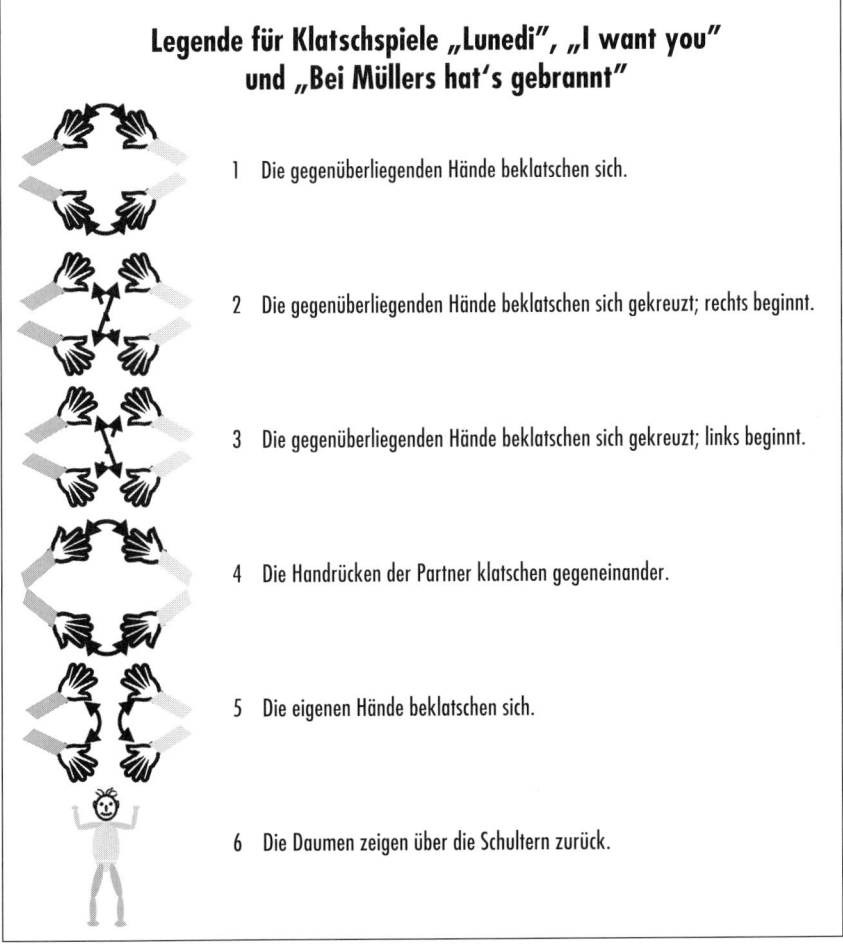

Abb. 9: Legende für die Klatschspiele Nr. 4, 5, 6

Nr. 4 „Era Lunedi"
(den Kindern beim Spielen abgeschaut)

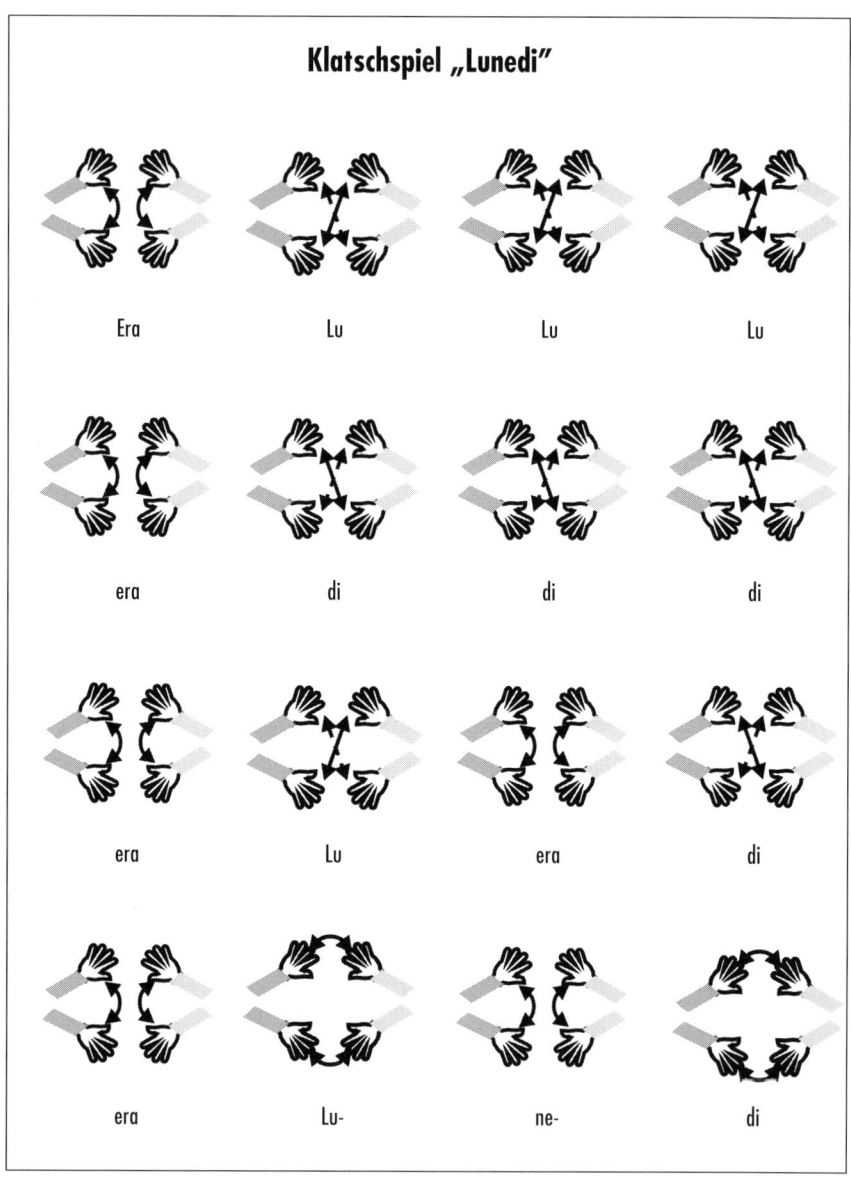

Abb. 10: „Era Lunedi"

Der Gefaßte beginnt den neuen Spielverlauf. Wird keine Hand geschnappt, beginnt der letzte Rufer.]
Der Aufschlagrhythmus ist hier in der gleichmäßig schnellen Aufeinanderfolge des Handauflegens der Spielerrunde gegeben. Hält ein Spieler zu lange inne und hält den vorgegebenen Aufschlagrhythmus der Gruppe nicht ein, wird das Spiel langweilig. Denn die Spannung muß steigen bis zu dem Spieler, der die Euros wegnehmen will.

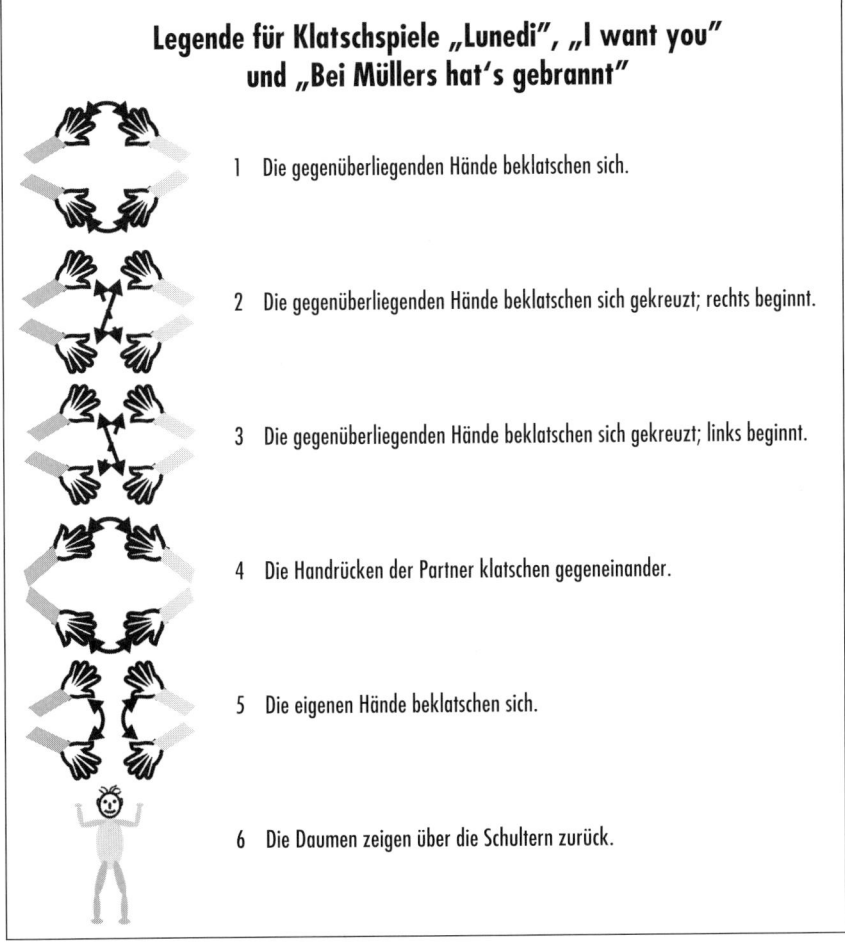

Legende für Klatschspiele „Lunedi", „I want you" und „Bei Müllers hat's gebrannt"

1 Die gegenüberliegenden Hände beklatschen sich.

2 Die gegenüberliegenden Hände beklatschen sich gekreuzt; rechts beginnt.

3 Die gegenüberliegenden Hände beklatschen sich gekreuzt; links beginnt.

4 Die Handrücken der Partner klatschen gegeneinander.

5 Die eigenen Hände beklatschen sich.

6 Die Daumen zeigen über die Schultern zurück.

Abb. 9: Legende für die Klatschspiele Nr. 4, 5, 6

Nr. 4 „Era Lunedi"
(den Kindern beim Spielen abgeschaut)

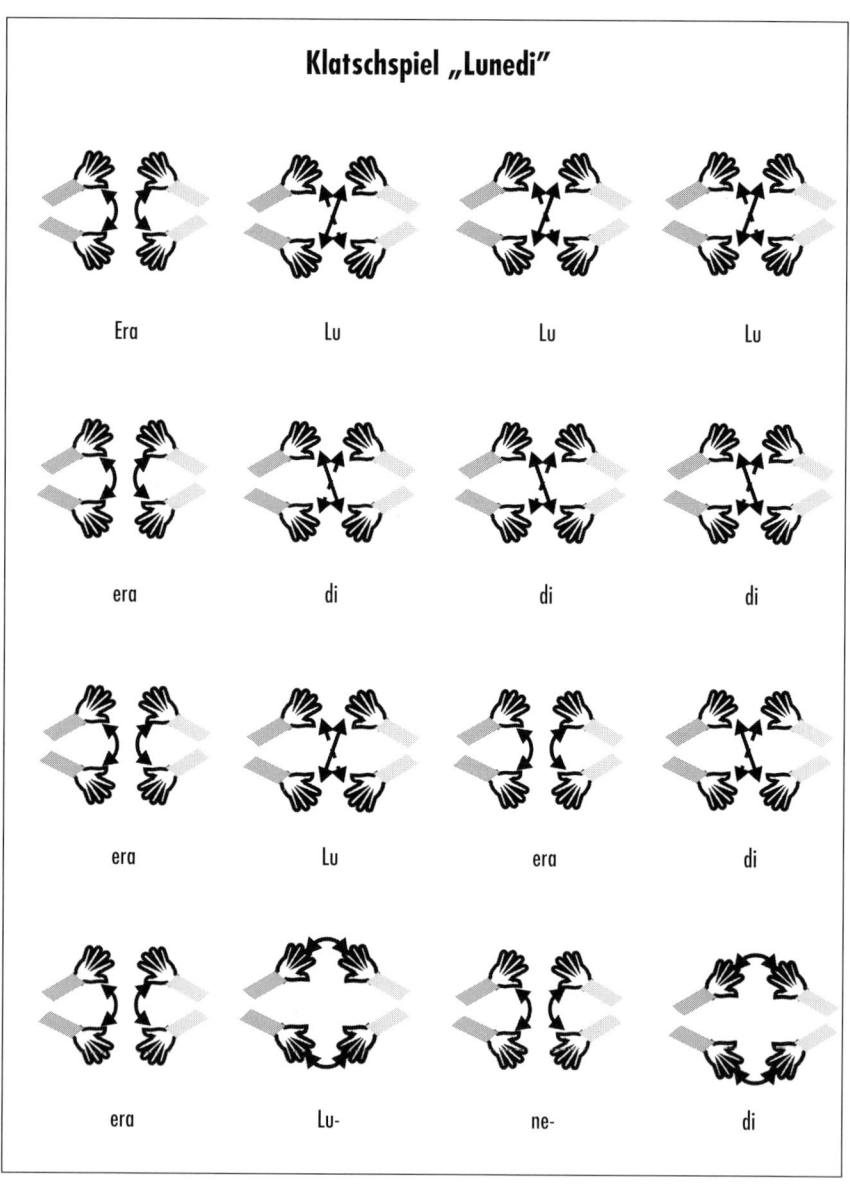

Abb. 10: „Era Lunedi"

Era	Mar	Mar	Mar
era	di	di	di
era	Mar	era	di
era	Mar-	te-	di.
Era	Mer	Mer	Mer
era	di	di	di
era	Mer	era	di
era	Merco-	le-	di.
Era	Gio	Gio	Gio
era	di	di	di
era	Gio	era	di
era	Gio-	ve-	di.
Era	Ven	Ven	Ven
era	di	di	di
era	Ven	era	di
era	Ven-	ner-	di.
Era	Sa	Sa	Sa
era	to	to	to
era	Sa	era	to
era	Sa-	ba-	to.
Era	Do	Do	Do
era	ca	ca	ca
era	Do	era	ca
era	Dome-	ni-	ca.

(*Jackel*, 1998b)

Nr. 5 „I want you"
(den Kindern beim Spielen abgeschaut)

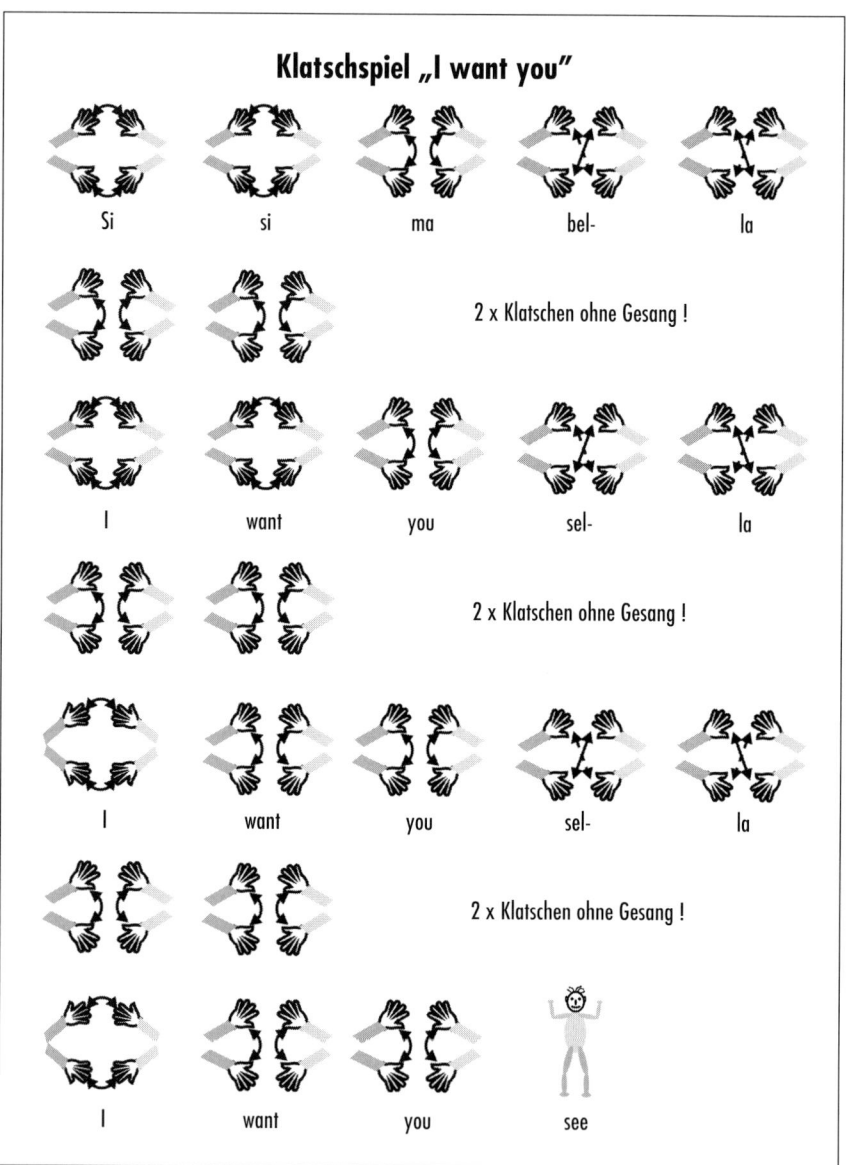

Abb. 11: „I want you"

Nr. 6 „Bei Müllers hat's gebrannt"
(den Kindern beim Spielen abgeschaut)

Klatschspiel „Bei Müllers hat's gebrannt"

1 Die gegenüberliegenden Hände beklatschen sich

2 Die gegenüberliegenden Hände beklatschen sich gekreuzt; rechts beginnt

3 Die gegenüberliegenden Hände beklatschen sich gekreuzt; links beginnt

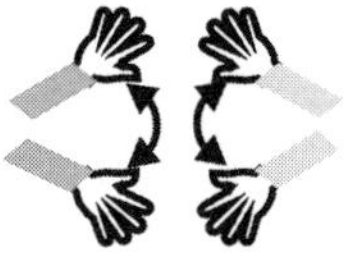

5 Die eigenen Hände beklatschen sich

5	2	5	3	5	1	1	1
Bei	Mül-	lers	hat's	ge-	brannt,	brannt,	brannt,
da	bin	ich	hin-	ge-	rannt,	rannt,	rannt.
Da	kam	ein	Po-	li-	zist,	zist,	zist,
der	schrieb	mich	auf	die	List,	List,	List.
Die	List,	die	fiel	in'n	Dreck,	Dreck,	Dreck,
da	war	mein	Na-	me	weg,	weg,	weg.
Ich	hob	sie	wie-	der	auf,	auf,	auf,
und	schrieb	mich	wie-	der	drauf,	drauf,	drauf.

Abb. 12: „Bei Müllers hat's gebrannt"

Bei Mül- lers hat's ge- brannt, -brannt, -brannt,
da bin ich hin- ge- rannt, -rannt, -rannt,
da kam ein Po- li- zist, -zist, -zist,
der schrieb mich auf die List, List, List,
die List, die fiel in'n Dreck, Dreck, Dreck,
da war mein Na- me weg, weg, weg,
ich hob sie wie- der auf, auf, auf,
und schrieb mich wie- der drauf, drauf, drauf.
(*Jackel*, 1998c)

Abb. 13: „Bei Müllers hat's gebrannt"

Nr. 7 „Em pom pi"
    (den Kindern beim Spielen abgeschaut)

Em pom pi kolo- ni kolo- na - ster
em pom pi kolo- ni aka- de- mi sa- fa- ri
aka- de- mi puff puff (und Deckel druff!)

44

Nr. 8 „Bayerischer Mann" (den Kindern beim Spielen abgeschaut)

Klatschspiel „Bayerischer Mann"

Grundstellung	1a	Auf	ei-	ner
	2a	da	saß	ein
	3a	und	die-	ser
	4a	der	fluch-	te
	1b	Baye-	rischen	Bank
	2b	Baye-	rischer	Mann
	3b	Baye-	rische	Mann
	5	„Himmel	Donner-	wetter
	6		Herr	Professor
	7		mit dem	Messer!"
	8	Schri-	schra-	
	9	schrauf,	die	
	10	Bei-	ne	auf
	11	Schri-	schra-	
	12	schru,	die	
	13	Bei-	ne	zu,
	14	und	aus	
	15	bist	du!	

Abb. 14: „Bayerischer Mann"

Abb. 15:
„Bayerischer Mann" 1

Abb. 16:
„Bayerischer Mann" 2

Nr. 9 „Charlie Chaplin"
(den Kindern beim Spielen abgeschaut)

Klatschspiel „Charlie Chaplin"

Legende:

1 Hände: Die Partnerhände beklatschen sich.

2 Hände: Die eigenen Hände beklatschen sich.

3 Füße: Grundstellung

4 Füße: Schritt 1    5 Füße: Schritt 2

6 Füße: Schritt 3   7 Füße: Schritt 4

Char-	lie	Chap-	lin,	fuhr	nach	Spa-	nien
2	1	2	1	2	1	2	1
um	drei	Mäd-	chen	'was	zu	sa-	gen.
2	1	2	1	2	1	2	1
Er-	ste	hieß:	„Cha-	cha-	cha"		
2	1	2	2	2	2		
Zwei-	te	hieß.	„O-	la-	la"		
2	1	2	\multicolumn{3}{c}{– dreimaliger Hüftschwung –}		
Drit-	te	hieß:	„Ame-	ri-	ka"		
2	1	2	\multicolumn{3}{c}{– Arme beschreiben einen Kreis von Über-Kopf-Stellung zum Bauch –}		
Char-	lie	Chap-	lin,	das	geht	so:	
2	1	2	1	2	1	2	3
Char-	lie	Chap-	lin				
4	5	6	7				

Abb. 17: „Charlie Chaplin"

Char-	*lie*	*Chap-*	*lin*	*fuhr*	*nach*	*Spa-*	*nien,*
um	*drei*	*Mäd-*	*chen*	*'was*	*zu*	*sa-*	*gen.*
Erste	*hieß*	*Cha-*	*cha-*	*cha.*			
Zweite	*hieß*	*Ame-*	*ri-*	*ka.*			
Dritte	*hieß*	*O-*	*la-*	*la.*			
Char-	*lie*	*Chap-*	*lin,*	*das*	*geht*	*so:*	
Char-	*lie*	*Chap-*	*lin ...*				

Abb. 18: „Charlie Chaplin"

Das Klatschspiel kann mit einem Partner oder mit mehreren Spielern im Kreis gespielt werden. Gehen in der letzten Zeile die Füße in vier Schritten auseinander, muß in der zuletzt eingenommenen Haltung der zweite Durchgang des Spieles begonnen werden. Wer hier seine Schrittweite nicht gut einteilt, kommt sehr bald zu Fall und scheidet aus.

Nr. 10 „Morgens um viere"
   (den Kindern beim Spielen abgeschaut)

Morgens um viere
vor meiner Türe,
da steht ein riesengroßer Teddybär.
Der will mich beißen,
ich geh' auf Reisen
zu meiner Ur-Ur-Ur-Ur-Großmama.
Die hat 'ne Ziege,
wenn ich die kriege,
reiß ich ihr alle viere Beine aus.
Sie kommt ins Krankenhaus.
Dort wird sie operiert,
mit Ketchup eingeschmiert.
Dann wird sie rausgeschmissen
mitsamt dem Federkissen.
Da ruft sie: Au, au, au, du Sau!

3.1.3 Rhythmikspiele mit Laufgeschick

Nr. 1 „Auf der Donau"
   (nach mündlicher Überlieferung)

Abb. 19: Melodie „Auf der Donau"

Auf der Donau woll'n wir fahren, wo das Schifflein sich dreht,
und das Schifflein heißt ... ... , und die / der ... ... fährt mit.
(Jackel 1998b)

Die Kinder laufen im Kreis nach rechts. Außen um den Kreis läuft ein Kind in Gegenrichtung. Es darf sich einen Mitspieler wählen (... ...), dieser wiederum wählt in der nächsten Strophe, bis kein Kind mehr im Innenkreis läuft.

Nr. 2 „Bi-Ba-Butzemann"

Abb. 20: Melodie „Bi- Ba- Butzemann" (Jackel, 1998b)

Es tanzt ein Bi-Ba-Butzemann in unserm Haus herum, fidibum, es tanzt ein Bi-Ba-Butzemann in unserm Haus herum. Er rüttelt sich, er schüttelt sich, er wirft die Beine hinter sich, es tanzt ein Bi-Ba-Butzemann in unserm Haus herum.

Es tanzen zwei Bi-Ba-Butzemänner in unserm Haus herum, fidibum ...

Es tanzen vier Bi-Ba-Butzemänner in unserm Haus herum, fidibum ...

Die Kinder liegen in Rückenlage auf Bodenfliesen. Zunächst tanzt, hüpft und singt ein Butzemann um und über sie hinweg. Am Ende der Strophe darf er einen „schlafenden" Butzemann „erlösen". Nach dem Schneeballprinzip wächst die Kette der Butze-

Abb. 21: „Bi- Ba- Butzemann" als Singspiel

männer, die angefaßt über die noch „schlafenden" umsichtig hinwegtanzt. Man kann dieses Spiel durchaus im Unterricht einsetzen. Kinder gehen behutsamer miteinander um als wir denken!

Nr. 3 „Robinson" als Laufspiel bei Wanderungen

Die Kinder laufen eingehängt nebeneinander. Jede Kinderkette ist so breit wie der Weg.
Die Kinder laufen im Sprechrhythmus:

*Robinson, Robinson fuhr in einem Luftballon
in die Höh, in die Höh mit der Jungfrau Salomé.*
[je 8 Schritte; rechts beginnend]

1 – 2 – 3 – 4
[4 langsame Schritte, rechts beginnend]

Mädchen, wenn du tanzen willst, dann tanze doch mit mir.
[8 Hüpfer je auf einem Bein, abwechselnd rechts und links; rechts beginnend; abschließend mit einem Beistellschritt]

5 – 6 – 7 – 8
[4 langsame Schritte, rechts beginnend]

Mutter, mach die Lampe aus, dann sag' ich dir „Gut' Nacht".
[8 Hüpfer je auf einem Bein, abwechselnd rechts und links; rechts beginnend; abschließend mit einem Beistellschritt]

Jetzt beginnt das Spiel von vorne. Die rhythmischen Vorgaben sind leicht in Bewegung umsetzbar, wenn jeder Rhythmuswechsel wieder mit dem rechten Fuß begonnen wird.

Abb. 22: Kinderkette bei der Wanderung

Nr. 4 „Ein Hut, ein Stock, ein Regenschirm" als Laufspiel bei Wanderungen (nach mündlicher Überlieferung)

Die Kinder laufen eingehängt nebeneinander. Jede Kinderkette ist so breit wie der Weg. Die Kinder laufen im Sprechrhythmus:

Und eins, und zwei, und drei:
Ein Hut, ein Stock, ein Regenschirm,
[im Rhythmus vorwärts laufen]

und vorwärts, rückwärts, seitwärts, stehn
und weitergeh'n.
[Das rechte Bein geht erst einen Schritt vor, dann zurück, dann nach rechts. Es folgt ein Beistellschritt.]

Und eins, und zwei, und drei, und vier:
Ein Hut, ein Stock, ein Regenschirm,
und vorwärts, rückwärts, seitwärts, stehn
und weitergeh'n.

Und eins, und zwei, und drei, und vier, und fünf: ...

Nr. 5 „Die Mühle" als Kreisspiel

Müh-le,   Müh-le,
[2 langsame Beistellschritte nach rechts]

lauf, lauf, lauf,
[3 schnelle Beistellschritte nach rechts]

oben steht der
[2 langsame Beistellschritte nach links]

Mül-ler   drauf.
[3 schnelle Beistellschritte nach links]

Macht der Mül-ler
[2 langsame Beistellschritte nach rechts]

hopp, hopp, hopp,
[3 schnelle Beistellschritte nach rechts]

läuft die   Müh-le
[2 langsame Beistellschritte nach links]

im   Ga- lopp.
[3 schnelle Beistellschritte nach links]

Hopp - hopp - hopp - ...
[Seitgalopp bis zur Erschöpfung; je nach Vereinbarung nach rechts versus nach links]

Nr. 6: „Die Zweiermühle"

Ich zähle bis zehn,
die Mühle bleibt stehn.
[angefaßt gegenüberstehen]

Ich zähle bis hundert,
die Mühle geht runter.
[angefaßt in die Hocke gehen.]

Ich zähle bis tausend,
die Mühle geht sausend.
[rechts versus links herum schnell drehen im Beistellschritt]

Nr. 7 „Liebe Freundin"
(nach mündlicher Überlieferung)

Abb. 23: Melodie „Liebe Freundin"

Liebe Freundin, tanz mit mir!
Beide Hände reich ich dir.
Einmal hin, einmal her,
rundherum, das ist nicht schwer.

Ei, das hast du fein gemacht,
ei, das hätt' ich nicht gedacht ...

Noch einmal das schöne Spiel,
weil es mir so gut gefiel ...

Text bei Bubenpaaren:
Lieber Freund, komm tanz mit mir ...

Die Kinder stehen sich paarweise gegenüber, singen und spielen das Lied. In der 3. Zeile drehen sie sich erst nach rechts, dann nach links; in der 4. Zeile einmal ganz im Kreis.

Spielvarianten: Erst tanzen Bubenpaare, dann Mädchenpaare, dann Buben mit Mädchen (es singen die Mädchen), dann Mädchen mit Buben (es singen die Buben).

Nr. 8-10 Plumpsackvarianten
(Singsang nach tradiertem Reim)

*Der Plumpsack geht um,
dreht euch nicht herum!
Wer sich umdreht oder lacht,
kriegt den Buckel blau gemacht.*

oder:
*Der Plumpsack geht um,
dreht euch nicht herum!
Wer sich umbdreht oder schreit,
der mache sich bereit!*

oder:
*Der Fuchs geht um,
dreht euch nicht um!
Er trägt seinen dicken Schwanz herum.
Wer sich umdreht oder lacht,
kriegt den Buckel blau gemacht.*
(bayerisch)

Die Kinder sitzen im Kreis und singen das Lied; immer und immer wieder aufs Neue. Jeder Sitzplatz ist durch eine Bodenfliese gekennzeichnet. Ein Kind spielt den „Plumpsack" und hält einen kleinen Gegenstand in der Hand, der nahezu lautlos hingelegt werden kann (z. B. ein Sandsäckchen). Dieses Kind läuft um den Sitzkreis herum, legt leise und trickreich seinen Gegenstand hinter einem Kind ab und rennt weiter. Die Kinder im Sitzkreis spitzen die Ohren, dürfen sich aber erst nach hinten umdrehen, wenn der Läufer an ihnen vorbeigerannt ist. Wurde der Gegenstand hinter einem Kind abgelegt, so muß das betreffende Kind ihn schnappen und damit hinter dem Läufer herrennen und ihn zu fangen versuchen. Schaff es das, bevor sich der Läufer auf den frei gewordenen Platz setzen kann, ist der Läufer „im faulen Ei", einem Mal in der Kreismitte (durch Bodenfliese gekennzeichnet). Bemerkt aber das Kind im Sitzkreis nicht, daß hinter ihm der Gegenstand liegt, darf der Läufer dieses nach einer Umrundung seinerseits in das „faule Ei" schicken. Dort kann man nur erlöst werden, indem man das nächste Ablegen des Gegenstandes hinter seinem Rücken bemerkt, oder sobald ein neuer Kandidat für das „faule Ei" ansteht.

Erschwert wird das Spiel, wenn zwei Kinder mit je einem Gegenstand gleichzeitig als Läufer ausgeschickt werden; auch in Gegenrichtung möglich. Diese Spielvariante erfordert erhöhte Aufmerksamkeit und Reaktionsbereitschaft bei den Spielern im Sitzkreis. Jetzt muß allerdings auf das Singen verzichtet werden.

Nr. 11 „Kleine weiße Friedenstaube"
  (*Köppen & Riess,* S. 30, 1990; Spielidee: *Jackel*)

Abb. 24: Melodie „Kleine weiße Friedenstaube"

Kleine weiße Friedenstaube
fliege über's Land,
alle Menschen groß und kleinen
bis du wohlbekannt.

Fliege über's große Wasser,
über Berg und Tal.
Bringe allen Menschen FRIEDEN,
grüß' sie tausendmal.

Du sollst fliegen Friedenstaube,
allen sag' es hier,
daß nie wieder Krieg wir wollen,
FRIEDEN wollen wir!

Und wir wünschen für die Reise
Freude und viel Glück,
kleine, weiße Friedenstaube,
komm' recht bald zurück.

Die Kinder stehen im Gesichtskreis und halten in jeder Hand ein Chiffontuch. In der 1. Strophe werden die Chiffontücher je an einem Zipfel gefaßt und vor dem Körper langsam und sanft nach dem Rhythmus auf- und abgeschwungen. In der 2. Strophe laufen die Kinder während der ersten beiden Zeilen mit den wehenden Tüchern in Brusthöhe nach rechts, während der letzten beiden Zeilen nach links. In der 3. Strophe wird wieder auf der Stelle geschwungen; in der 4. Strophe wieder gelaufen.

3.1.4 Rhythmikspiele mit Gesamtkörper- und Darstellungsgeschick

Nr.1 „Erbsen rollen" (nach mündlicher Überlieferung; Sprechrhythmus, gebunden an die Silben)

Erb - sen rol - len über die Stra - ße und sind platt.
Oh, wie scha - de, oh wie scha - de, jammerjammerscha - de!
(*Krawietz, A. et al, 1997, S. 80*)

Die Kinder knien und wippen im Rhythmus auf und ab. Zeige- und Mittelfinger laufen den Weg der Erbsen über die Oberschenkel (Zeile 1). Bei „platt" klatschen sich die Spieler auf ihre Oberschenkel. In der 2. Zeile mimen sie das Heulen und Jammern.
Nun wählen sie andere Dinge aus, die über die Straße rollen, laufen, hüpfen ... können: z. B. Äpfel, Bälle, ... Leute. Die Kinder mit einem neuen Vorschlag sprechen alleine. Der restliche Spiel-

Abb. 25: „Erbsen rollen" ... als Spiel (1)

Abb. 26: „Erbsen rollen" ... als Spiel (2)

kreis wippt mit und fällt beim Refrain „Oh, wie schade..." wieder mit in den Sprechrhythmus ein (*Jackel*, 1998b).

Nr. 2. „Hühnerchen"
 (nach mündlicher Überlieferung)

Abb. 27: Melodie „Hühnerchen"

Ei, ei, ei, ihr Hühnerchen, was habt ihr denn getan, was habt ihr denn getan,
fort seit einer Stunde schon ist euer lieber Ha - ha - hahn,
fort seit einer Stunde schon ist euer lieber Hahn.

Hähnchen ist auf's Dach geflogen zum Bodenloch hinein, zum Bodenloch hinein,
da schlug der Wind die Türe zu, es muß gefangen sei - ei - ein,
da schlug der Wind die Türe zu, es muß gefangen sein.

Doch nach einer Stunde schon ging wieder auf die Tür, ging wieder auf die Tür,
kikeriki, ihr Hühnerchen, jetzt bin ich wieder hier, hier, hier,
kikeriki, ihr Hühnerchen, jetzt bin ich wieder hier.

Da freuten sich die Hühnerchen, daß sie ihn wiedersahn, daß sie ihn wiedersahn,
da hüpften sie und sprangen sie um ihren lieben Ha - ha - hahn,
da hüpften sie und sprangen sie um ihren lieben Hahn.
(*Jackel*, 1998b)

1. Strophe: Die Kinder laufen angefaßt im Kreis rechts herum. Zwei Kinder bilden mit erhobenen Armen das Bodenloch.
2. Strophe: Die Kinder laufen angefaßt im Kreis links herum. Der Hahn flattert ins Bodenloch. Die Arme der beiden Bodenlochdarsteller klappen nach unten und schließen das Hähnchen ein.
3. Strophe: Die Kinder laufen angefaßt im Kreis rechts herum. Die Bodenlochdarsteller öffnen die Klappe. Das Hähnchen entflieht flatternd in die Freiheit.
4. Strophe: Paarweiser Tanz der Kinder im Kreis mit Klatschen und Unterhaken um den Hahn herum.

Nr. 3 „Linas Kinder"
(nach traditioneller Weise)

Abb. 28: Melodie „Linas Kinder"

1.
Lina hatte sieben Kinder,
sieben Kinder hatt' Lina.
Sie aßen nicht, sie tranken nicht,
sie machten alle so wie ich:

2.
Mit den Fingerchen tipp, tipp, tipp,
mit den Köpfchen nick, nick, nick,

mit den Füßchen tapp, tapp, tapp,
mit den Händchen klapp, klapp, klapp,

mit den Fäustchen puff, puff, puff,
mit den Ellenbogen knuff, knuff, knuff.

3.
Makaroni, Makaroni, das ist das beste Essen,
und wenn es eine Hochzeit gibt,
dann fangen wir an zu fressen.

Die Kinder singen im Laufkreis (Teil 1). Im 2. Teil werden die Hände losgelassen; und bei *tipp, tipp, tipp* wird sich mit dem Zeigefinger dreimal an die Stirn getippt ... . Im 3. Teil tanzen die Kinder einzeln oder paarweise.

Nr. 4 „Heyanana"
    (nach tradierter Weise)

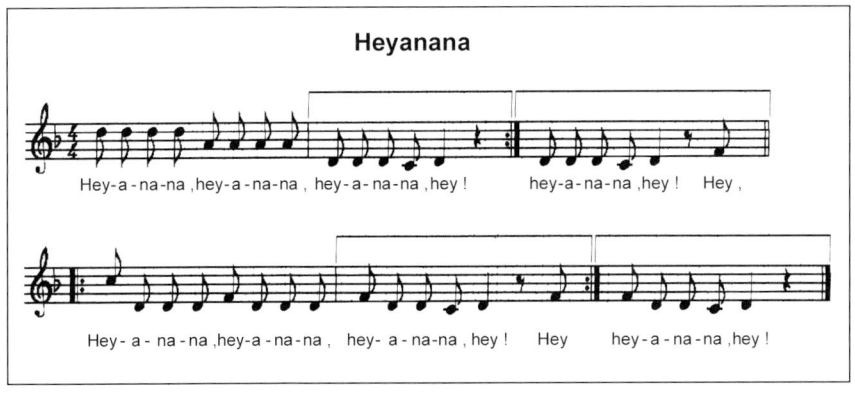

Abb. 29: Melodie „Heyanana"

Heyanana, Heyanana, Heyanana, hey!
Heyanana, Heyanana, Heyanana, hey! Hey,

Heyanana, Heyanana, Heyanana, hey! Hey,
Heyanana, Heyanana, Heyanana, hey!

Das Indianische Lied kann in eine Bewegungsgeschichte „Apachen und Sioux" eingebunden werden.

Rahmengeschichte:
Die Prärie-Indianer vom Stamme der Apachen und vom Stamme der Sioux [sprich: s<u>u</u>] sitzen zusammen und rauchen die Friedenspfeife [eine mit Buntpapier und Federn verzierte Papprolle]. Die Pfeife geht reihum.

Spielhandlung:
Jeder Indianer erzählt, welches Kunststück er auf seinem Pferd [Roller, Laufrad, Kinderrad] ausführen kann. Alle Indianer müssen auf einem Rundkurs ihre Kunststücke vorführen; z. B. ein Bein während der Fahrt waagrecht wegstrecken [Roller], freihändig [Rad], stehend [Rad], beide Beine waagrecht wegstrecken [Laufrad], ständig von einem auf das andere Bein wechselnd [Roller], über ein Schrägbrett / eine Wippe [Roller, Laufrad, Kinderrad] ...
Die Prärie-Indianer prahlen immer heftiger mit ihren Kunststükken und beginnen zu streiten. Sie beschießen sich mit Pfeilen [bunt bemalte Papprollen]. Ein Gebirgszug [Schwebebänke] teilt die Stammesgebiete voneinander. Die Indianer müssen hoch zu Roß die Wurfgeschosse auf das gegnerische Land werfen bzw. zurückwerfen. Wenn der große Manitu [Spielleiterin] mit dem Tambourin einen Donnerwirbel erzeugt, erstarren alle Indianer auf der Stelle vor Ehrfurcht. Derjenige Indianerstamm hat gewonnen, auf dessen Land die wenigsten Pfeile liegen.

Abschluß:
Die müden Indianer stellen sich im Gesichtskreis zu dem Indianersingspiel „Heyanana" auf. Die Kinder stehen breitbeinig fest auf dem Boden in Grundstellung. Während der 1. Zeile vollführen die Arme eine senkrechte Kreisbewegung in drei Phasen vor dem Körper.

Grundstellung: Arme vor der Körpermitte zusammengeführt halten, Hände waagrecht vom Körper wegstrecken;

Phase 1 *„Heyanana"*: Arme langsam und rhythmisch in einem Teilkreisbogen ausgestreckt nach oben führen, Hände zeigen nach oben;

Phase 2 *„Heyanana"*: Arme langsam und rhythmisch zur Über-Kopf-Stellung zusammenführen, Hände aneinanderlegen;

Phase 3 *„Heyanana, hey!"*: Hände aneinandergelegt vor dem Körper bis zum Sonnengeflecht in Bauchnabelhöhe herunterführen, dabei ausatmen; bei „hey!" die Hände wieder in Grundstellung bringen.

Das angefügte „Hey" in den Zeilen 2 und 3 bleibt ohne begleitende Bewegung.

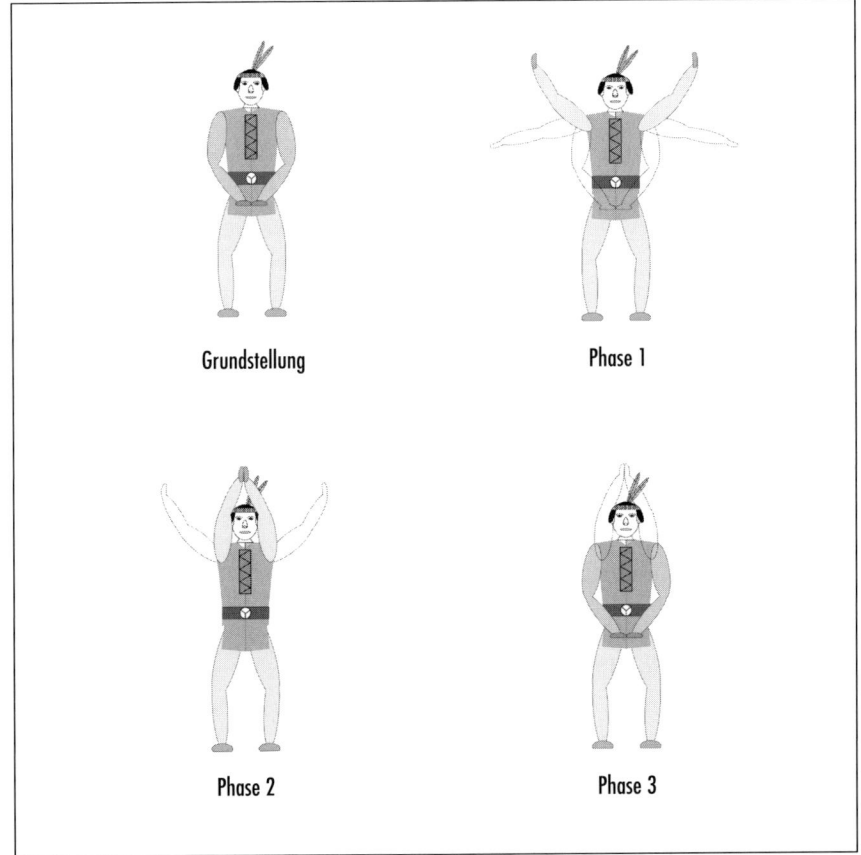

Abb. 30: Armschwung des Liedes „Heyanana"

In der 2. Zeile wird die Bewegungsfolge wiederholt. In der 3. und 4. Zeile werden strophenweise die vier Elemente *Erde, Wasser, Luft und Feuer* dargestellt:
Bewegungen der Arme und Hände vor dem Körper
- Erde: Trittbewegungen auf und ab (Symbolik für festen Tritt auf festem Grund)
- Wasser: Wellenbewegungen (Symbolik für Wellen des Wassers)
- Luft: liegender Achterschwung (Symbolik für bewegte Luftströme)
- Feuer: zackige Auf- und Abbewegungen abwechselnd mit dem einen und anderen Arm (Symbolik für lodernde Flammen)

Nr. 5 „Die Löwenjagd"
(tradiertes Spiel)

[Alle Kinder knien im Kreis, schlagen mit den Händen auf die Oberschenkel und rufen:]

Alle:	„*Tap,*	*tap,*	*tap,*	*tap!*"
Lehrer:	„*Geh'n wir*	*heut' auf*	*Löwen-*	*jagd?*"
	[tap,	tap,	tap,	tap]
Schüler:	„*Ja,*	*wir geh'n auf*	*Löwen-*	*jagd!*"
	[tap,	tap,	tap,	tap
Lehrer:	„*Aber halt, was ist denn das? Ist das ein Löwe?*"			
	[Alle schauen. Die Augen werden mit den Händen abgeschirmt.]			
Schüler:	„*Nein, das ist kein Löwe!*"			
	[Fingerzeig]			
	Die Zeilen 1 bis 5 bilden den Refrain			

Lehrer:	„*Das ist eine Wiese. Da müssen wir durch.*"			
Alle:	[mit den Händen rascheln]			
	„*Raschel,*	*raschel,*	*raschel,*	*raschel*"
Lehrer:	„*Und*	*wei-*	*ter*	*geht's!*"
Refrain ...	„*Tap,*	*tap,*	*tap,*	*tap.*"
	„*Geh´n wir ...*"			

Lehrer: „*Das ist ein Fluß. Und da müssen wir durch!*"

Alle:	[rechts: Schuhe aus / links: Schuhe aus rechts: Strümpfe aus / links: Strümpfe aus, alles über den Kopf auszuziehen und Schwimmbewegungen machen] *„schwimmen, schwimmen, schwimmen, schwimmen"* [rechts: Strümpfe an / links: Strümpfe an rechts: Schuhe an / links: Schuhe an alles über den Kopf wieder anziehen]
Lehrer:	*„Und wei- ter geht's!"*
Refrain...	*„Tap, tap, tap, tap."* *„Geh´n wir..."*

Lehrer:	*„Das ist eine Brücke. Und da müssen wir rüber!"*
Alle:	[Fäuste trommeln gegen die Brust.] *„Tap, tap, tap, tap."*
Lehrer:	*„Und wei- ter geht's!"*
Refrain...	*„Tap, tap, tap, tap."* *„Geh´n wir..."*

Lehrer:	*„Das ist ein Sumpf. Und da müssen wir durch!"*
Alle:	[Hände klatschen auf die Wangen, der Mund schmatzt.] *„Schmatz, schmatz, schmatz, schmatz"*
Lehrer:	*„Und wei- ter geht's!"*
Refrain...	*„Tap, tap, tap, tap."* *„Geh´n wir..."*

Lehrer:	*„Das ist eine Höhle. Und da müssen wir rein!"*
Alle:	[schauen angestrengt, denn in der Höhle ist es dunkel; halten die Hände nach vorne gestreckt zum Tasten]
Lehrer:	*„Hier ist es ja ganz dunkel. Aber was ist das? ... ein Auge – zwei Augen, ganz wuscheliges Fell!"*
Alle:	**„Der Löwe!!!** *Schnell zurück!"*

[Ab jetzt geht alles rückwärts, aber ganz schnell]

Lehrer:	*„Durch den Sumpf!"*
Alle:	*„Schmatz, schmatz, schmatz, schmatz"*

Lehrer:	*„Über die Brücke!"*
Alle:	*„Tap, tap, tap, tap"*

Lehrer:	„*Durch den Fluß!*"
Alle:	[Schuhe aus ...]
	„*Schwimmen, schwimmen, schwimmen, schwimmen*"
	[Strümpfe an ...]
Lehrer:	„*Über die Wiese!*"
Alle:	„*Raschel, raschel, raschel, raschel*"
Lehrer:	„*Und da ist auch schon unser Haus. Türe auf:*"
Alle:	„*Quietsch*"
Lehrer:	„*Türe zu*"
Alle:	„*Knall! – Uff, wir haben es geschafft!*"
	[Alle sinken erschöpft zu Boden.]

Nr. 6 „Pferderennen"
 (tradiertes Spiel; variiert; nach *Krawietz*, A. et al., 1997, S. 80)

Es wird von einem Pferderennen erzählt. Alle ahmen Geräusche, Stimmung und Bewegung nach.

Es ist kurz vor dem Rennen. Die Pferde in ihren Boxen sind schon nervös.
[Mit dem Fuß auf dem Boden schaben.]

Der Startleiter gibt das Kommando: „Auf die Plätze, fertig, los."
Alle Pferde galoppieren an.
[Mit den Händen auf die Knie klatschen.]

Die Zuschauer sind begeistert.
[In die Hände klatschen.]

Die Pferde nehmen Tempo auf.
[Mit der Zunge schnalzen.]

Der erste Wassergraben ist zu überwinden.
[Mit den Fingern die Unterlippe schnalzen lassen: Blubb, blubb, blubb... .]

Ein kleines Hindernis.
[Kleine Welle mit der Hand in die Luft malen, dazu „Wup" sagen.]

Ein großes Hindernis.
[Große Welle mit der Hand in die Luft malen, dazu „Wuuuup" sagen.]

Geschafft! Pferd Nr. 7 überholt.
[Mit der Zunge schneller schnalzen.]

Die Rechtskurve kommt.
[Mit dem Körper nach rechts legen.]

Die Linkskurve kommt.
[Mit dem Körper nach links legen.]

Die Zuschauer sind begeistert und machen die große Welle.
[Nacheinander aufstehen und Arme hoch nehmen.]

Da kommt wieder der Wassergraben.
[Mit den Fingern die Unterlippe schnalzen lassen: Blubb, blubb, blubb... .]

Und das kleine Hindernis.
[Kleine Welle mit der Hand in die Luft malen, dazu „Wup" sagen.]

Das große Hindernis.
[Große Welle mit der Hand in die Luft malen, dazu „Wuuuup" sagen.]

Nun die Zielgerade. Alle Pferde geben ihr Bestes. Nr. 5 geht in Führung.
[Mit der Zunge schneller schnalzen.]

Das Ziel ist erreicht.
[Schweiß von der Stirn wischen.]

Nr. 7 „Lustiger Tänzer" (nach der Melodie „Der Kuckuck und der Esel")

Ich wand're durch die Lande,
ich wand're auf und ab,
wo-hol hier auf diesem grünen Platz,
wo-hol hier auf diesem grünen Platz.
Kommt ich als lust'ger Tänzer an,
als lust'ger Tänzer an.

[freie Melodiegestaltung:]
schüttelt den Kopf,
zieht sich am Ohr,
hebt seine Schultern,
streckt raus den Bauch,
schüttelt aus die Knie,
stampft mit dem Fuß,
klatscht in die Händ'.

[nach der Melodie „Der Kuckuck und der Esel":]
Und kommt, wir wollen tanzen geh'n,
und kommt, wir wollen tanzen.
Die andern müssen stille stehn,
die andern müssen stille stehn.
Wir drehen uns im Krei- hei-se,
wir drehen und im Kreis!

Die Kinder gehen im singenden Kreis, ein Kind (der Tänzer) läuft außen herum in Gegenrichtung (Zeilen 1 und 6). Bei Zeile 7 hüpft der Tänzer in den Kreis hinein; der Kreis bleibt stehen. Der Tänzer bewegt sich nach den besungenen Körperteilen (Zeilen 7 bis 13). Jetzt schnappt sich der Tänzer einen Partner und tanzt im Innenkreis in Gegenrichtung zum Außenkreis (Zeilen 14 und 19). Nun darf das zweite Kind des Tanzpaares sich einen Nachfolger wünschen.

Nr. 8 „Ja, so ein Körper"
    (Sprechgesang; Melodie beliebig, aber rhythmisch passend)

Ja, so ein Körper, das ist ein Instrument,
das man noch immer zu wenig schätzt und kennt,
und uns're Finger, die machen so: [2 mal Fingerschnipsen]*,*
das ist Musik, und die Musik, die macht uns froh.
[oder: ...Fäuste, die machen so: puff, puff...]

Die Kinder gehen zum Sprechgesang im Kreis im Beistellschritt in der 1. Zeile nach rechts, in der 2. Zeile nach links, in der 3. Zeile zur Mitte zusammen, wo die entsprechende Körperbewegung erfolgt, und in der 4. Zeile rückwärts nach außen zurück. Dieses Rhythmikspiel kann sowohl für Fingergeschick wie auch für Laufgeschick oder Gesamtkörpergeschick variiert werden durch Stampfen mit dem Fuß, Fingerschnipsen, Klatschen, mit Fäusten gestikulieren, mit dem Po wackeln, den Bauch rollen, u. a. Hier ist der Phantasie der Kinder breiter Raum gegeben (*Jakkel*, 1998b).

Nr. 9 „Die alte Moorhexe"
(Text und Melodie aus: Jen, 1982; Spielidee: Jackel)

Abb. 31: *Melodie „Die alte Moorhexe"*

Die alte Moorhexe hext im Teufelsmoor herum;
dreht sich wild im Tanze um, lacht sich schief und lacht sich krumm.
Wenn die Tiere ängstlich wittern, und die Kinder alle zittern;
hält die ganze Welt für dumm, hext herum, hext herum.
Hu - hu - hu - hu - hu - hu - hu,
hu - hu - hu - hu - hu - hu - hu.

Gegen Mitternacht jedoch, fährt sie in ihr Hexenloch,
füttert ihre sieben Schlangen, bringt den schnellen, starken, langen Hexenbesen in den Stall, scharrt und raschelt überall;
hält die ganze Welt ...

Bei dem Spuk in Moor und Sumpf, ging verlor'n ihr Ringelstrumpf,
jener rote linksgestrickte Strumpf, den ihre Schwester schickte,
hängt in einer Birke drin, flattert einsam vor sich hin,
hält die ganze Welt ...

Die Kinder bekommen für eine Hand ein Chiffontuch, das am Zipfel gefaßt locker mit den Bewegungen mitschwingt. Jetzt bilden die Kinder einen engen Mittelkreis und drehen sich mit den Gesichtern nach außen. Es geht los:

Strophe 1
Zeile 1: nach außen schreiten,
Zeile 2: um sich selbst drehen,
Zeile 3: auf der Stelle schnuppern und zittern,
Zeile 4: zur Mitte hüpfen und wieder zurück hüpfen in lockeren, entspannten Hopsern,
Zeilen 5,6: in weit ausladenden Schritten mit wehendem Tuch sich einen Weg im Raum suchen und das Unheimliche „Hu - hu ..." in Mimik und Gestik ausdrücken.

Strophe 2
Zeile 1: nach außen schreiten mit Schlupfbewegungen in das Hexenloch,
Zeile 2: um sich selbst drehen,
Zeile 3: auf der Stelle scharren und rascheln, Kehrbewegungen,
Zeile 4: zur Mitte hüpfen ...

Strophe 3
Zeile 1: nach außen schreiten,
Zeile 2: um sich selbst drehen,
Zeile 3: das Chiffontuch – als Strumpf – über dem Kopf kreisend schwingen,
Zeile 4: zur Mitte hüpfen ...

Nr. 10 „Zunge raus – Zunge rein"
(*Köppen & Riess*, 1990, S. 25)

Abb. 32: Melodie „Zunge rein – Zunge raus"

Zunge raus und Zunge rein, Arme hoch und runter!
Kopf nach rechts und Kopf nach links, stimmt's das macht dich munter.
Beine schütteln, Beine schütteln, mit dem Po mal wackeln,
Arme kreisen, Arme kreisen, laß die Finger zappeln.

Knie beugen, Knie beugen und den Bauch mal rollen,
hüpfen rechts und hüpfen links, was gibt's da zu wollen!
Haare schütteln, Haare schütteln, klatsch mal in die Hände,
Ohren ziehen, Ohren ziehen, der Tanz ist jetzt zu Ende!

3.2 Organisatorisch rituelle Gruppenspiele oder Unterrichtssequenzen

Ein pädagogisches Mittel wird zum Ritual durch sein wiederholtes Vorkommen, durch seinen festen Platz im Verlauf eines jeden Grundschulvormittages. Dabei können auch einzelne Wochentage für ein bestimmtes rituelles Gruppenspiel festgelegt werden, damit der Lehrkraft organisatorisch Spielräume bleiben für andere wichtige Unterrichtsvorhaben. Es ist sicher besser, nur zwei Wochentage festzulegen für Gruppenrituale als Versprechungen zum täglichen Einbau in das Unterrichtsgeschehen aus organisatorischen Gründen dann doch nicht einhalten zu können. Damit würden wir Lehrkräfte uns in den Augen der Kinder unglaubwürdig machen. Durch feste Eingangszeiten und Rhythmisierung in der „Grundschule mit festen Öffnungszeiten" (*Burk, Ronte-Rasch, Thurn* u. a., 1998), mit der einige Bundesländer begonnen haben, sind organisatorisch rituelle Sequenzen sicher leichter einzubringen als in den herkömmlichen 45-Minuten-Einheiten.

Dabei sollte – trotz aller stundenplantechnischen Zwänge (Fachunterricht, Lehrerwechsel, feste Pausenzeiten) – für jedes Ritual eine bestimmte Zeit angesetzt werden. Erst dann kann eine positive und rituelle Wirkung bei der Planung des Tagesablaufes und beim motivationalen Gerichtet-Sein wirksam werden. Kinder gewöhnen sich an feste Riten und beginnen sehr bald, diese mit Nachdruck einzufordern: „ Wann machen wir endlich ... ? ... Wir haben heute noch gar nicht ..."

In den folgenden Kapiteln sind einige pädagogische Mittel herausgestellt, die als organisatorisch rituelle Unterrichtssequenzen ihren festen Alltagsplatz haben können.

Abb. 33: organisatorisch rituelle Spiele oder Unterrichtssequenzen

Diese organisierten rituellen Sequenzen erheben weder Anspruch auf Vollständigkeit noch müssen sie alle übernommen werden. Jenes pädagogische Auswahlpaket kann aufgeschnürt und umgepackt werden. Denn jede Klassengemeinschaft muß ihr eigenes rituelles Muster finden.

3.2.1 Morgenkreise

Nach *Struck* (1998) sind Klassenverband, Klassenraum, Banknachbar und Klassenlehrerin unverzichtbare Bezugsgrößen für das Wohlbefinden eines Kindes und seine positive Lernatmosphäre. Im Morgenkreis kummulieren förmlich alle diese als positiv empfundenen Bezugsgrößen und können zum Wohlbefinden der Kinder beitragen. Denn Morgenkreise dienen der Einstimmung auf den Schulvormittag, dem Sich-wieder-Einfinden in die soziale Gruppe der Klasse, der Möglichkeit des Wiedererlangens der Geborgenheit in dieser Gruppe im Sinne einer Nische, die Vertrauen und Sicherheit spenden kann. Man wartet gespannt darauf, daß die anderen Kinder von Erlebnissen des Vortages oder des Schulweges berichten und eventuell etwas Mitgebrachtes vorzeigen. Vielleicht „platzt" man auch fast vor Anspannung, selbst etwas loswerden zu können. So berichten die Kinder beispielsweise von einem toten Vogel, den sie auf dem Heimweg gefunden und am Nachmittag begraben haben, oder von einem Gummibärchen, welches sie auf ihren Schulhinweg in einer Pfütze vorfanden. Am nächsten Tag können sie dann erzählen, wie es bis zu ihrem Schulheimweg „gewachsen" ist. Solche Fundsachen, interessante Neuigkeiten, aktuelle Sorgen und Freuden können Kinder nicht aufsparen und für sich behalten, bis sie nach dem Begrüßungsritual im Morgenkreis endlich an die Reihe kommen. Also läßt die Lehrkraft solchen Schülerberichten während des offenen Anfangs freien Lauf, um im Morgenkreis später darauf zurückzukommen.
Am Anfang des Morgenkreises sollte ein **Begrüßungsritual** seinen festen Platz haben mit dem jeden Tag wiederkehrenden Begrüßungslied oder Rhythmikspiel als verläßlichem Bestandteil eines jeden Schulmorgens. Es eignet sich als *Begrüßungslied* bspw. „Bruder Jakob" (*Köppen & Riess*, S. 21). Dieses Liedchen gibt es auch auf Türkisch „Temel Cocuk" (*Köppen & Riess*, S. 85).

Abwechselnd eine Strophe auf Deutsch und auf Türkisch gesungen, hilft unseren türkischen Kindern, sich angenommen und heimelig zu fühlen. Gleichzeitig können unsere deutschen Schülerinnen und Schüler testen, ob sie die wenigen fremdsprachlichen Wortbrocken vom Vortag behalten haben. Sie erfahren damit, wie schwer es ihren ausländischen Mitschülern fallen muß, sich in der deutschsprachigen Wortflut eines ganzen Schulvormittages zu orientieren. Als *Rhythmikspiel* zur Begrüßung wurde bereits „Guten Morgen, ihr Beinchen!" vorgestellt (Kapitel 2.2, S. 17).

In der Anfangszeit neuer Gruppenbildung kann auch ein *Kennenlernspiel* wie der „Quiquak" (siehe Kapitelende) stehen, um die Namen der anderen Gruppenmitglieder schnell und spielerisch lernen zu können.

Nach dem Begrüßungsritual hat jedes Kind der Gruppe die Gelegenheit mitzuteilen und vorzuführen, was ihm wichtig ist. Hier ist auch der Ort, persönliche Probleme vorzutragen, wenn das Kind diese der Gruppe mitteilen möchte. Die Lehrkraft bleibt im Hintergrund. Nach dem Vorschlag von *Garlichs* (1990) können im täglichen Wechsel die Morgenkreisteilnehmer eingeteilt werden in einen Präsidenten (er ruft die angemeldeten Redebeiträge auf), einen Sekretär (er protokolliert die Redebeiträge) und die Teilnehmergruppe (Erzähler und Zuhörer). Das Erzählen unterliegt bestimmten Regeln, die zuvor mit den Kindern zusammen erarbeitet wurden:

– Es darf stets nur ein Kind reden,

– eine Zwischenfrage wird durch ein bestimmtes Handzeichen signalisiert,

– die Beiträge der Kinder sind gut vorbereitet und wohl überlegt: Tanz, Lied, Naturbeobachtung, Begebenheit in Familie oder Freundeskreis, das selbstgefertigte Werkstück ... (*Garlichs*).

Scholl (1998) berichtet von einem „Erzählsäckchen", einem roten Samtsäckchen mit Erbseninhalt, das im Morgenkreis weitergereicht wird. Jeder, der etwas zeigen oder erzählen möchte, tut dies, wenn das Säckchen bei ihm angelangt ist. Außerdem muß im Morgenkreis auch Unvorhergesehenes und vom Vortag Unverarbeitetes diskutiert und aufgearbeitet werden. Als Klassenlehrer/in muß man oftmals „Scherben zusammenkitten", indem eine Streiterei oder ein Mißverständnis aus dem Fachunterricht oder den Aktiven Pausen geklärt wird. In Abhängigkeit von dem Alter der Kinder und der Anzahl der Gruppenmitglieder kann auch freies Reden ohne Präsident und Sekretär zum diszipliniert ablaufenden Gespräch führen, z. B. bei Viertkläßlern in kleiner Kindergruppe (unter 20 Schülerinnen und Schüler), wenn die oben genannten Verhaltensregeln verinnerlicht sind.

Dieser Gesprächskreis am Beginn eines jeden Tages dient auch als Gegengewicht zur multimedialen Berieselung, die unsere Kinder aus dem nicht-schulischen Alltag gewöhnt sind mit überreichlichem Bildschirmkonsum und dem Orientieren an rascher Bilderfolge in grellem Arrangement (*Struck*, 1997). Im Morgenkreis heißt es dann zurückzuschalten auf die reizärmeren Sinneseindrücke des rein verbal Gebotenen, auf das Wort der Grundschullehrerin und das der anderen Kinder.

Steht zum besonderen Anlaß eines Kindergeburtstages ein ***Geburtstagsritual*** an, kann es durchaus hier im Morgenkreis seinen Platz finden; denn welches Geburtstagskind läßt sich schon gerne auf einen späteren Zeitpunkt vertrösten, um zu erhalten, was es nur einmal im Kalenderjahr bekommt: die Geburtstagskerze, das Geburtstagslied, ein von ihm gewünschtes Spiel und / oder sein Lieblingslied und die Zusage der Hausaufgabenbefreiung für diesen Tag. Ich hatte in meiner langjährigen Lehrertätigkeit auch Schülerinnen und Schüler, die sich diese letztgenannte Vergünstigung aufsparten für einen ihnen lohnend erscheinenden Tag, oder die sogar alle vier Hausaufgabenbefreiungen ihrer Grundschulzeit aufsparten bis zur vorletzten Schulwoche des 4. Schuljahres.

Jetzt können sich die ***Pflegerituale*** anschließen mit Blumengießen, Fischfütterung, Pflege der Tischdekorationen und Beratung über ein neues Arrangement – passend zum Jahreskreis –. Wurde gerade Kresse gesät oder werden Erbsen keimen lassen, so wird keine Lehrkraft die geschilderte Reihenfolge der Teilsequenzen des Morgenkreises einhalten wollen. Dann tritt die Begutachtung des Wachtumsfortschrittes in den Mittelpunkt des Kinderinteresses und wird spontan, gleich bei Ankunft jedes Kindes während des offenen Anfangs, erfolgen. Im Morgenkreis kann man darauf zurückkommen.

Sodann umreißt die Lehrkraft im *Planungsritual* kurz die Vorhaben des Tages und bindet die Kinderideen ein, so daß es später keine unliebsamen Überraschungen geben wird. Jetzt kann die Lerngruppe gemeinsam „aufgeräumt" im Sinne von entspannt an die Arbeit gehen.

Feste Bestandteile des Morgenkreises

- Das Begrüßungsritual
  (Begrüßungsspiel / -lied oder Kennenlernspiel am Anfang neuer Gruppenbildung)
- Die Fundsache, das Interessante, das Neue, die aktuelle Sorge vs. Freude
- Die Pflegedienste
  (Blumen- / Tischdekorationspflege, das Füttern der Fische, Beratung über den Wechsel der Tischdekoration gemäß des Jahreskreises)
- Das Planungsritual
  (Darstellung des heutigen Vorhabens für den Schulvormittag, kurz umrissen und zusammengetragen)

zu besonderen Anlässen:
- Das Geburtstagsritual
  (Kerze, Geburtstagslied, vom Kind gewünschtes Lied, kurze Vorlesegeschichte, die Hausaufgabenbefreiung)

Ein mündlich überliefertes Begrüßungsritual:

„Quiquak"
Kennen sich die Kinder einer Gruppe noch nicht mit Namen, sitzen sie im Kreis. Ein Kind geht nach draußen und muß später jeden Mitspieler nach dessen Namen fragen. Für es ist kein Stuhl reserviert. Drinnen wird ein Kind zum „Quiquak" gewählt. Das Kind vor der Türe wird hereingerufen und darf so lange die Mitspieler nach deren Namen fragen, bis es den „Quiquak" erwischt. Der ruft, sobald er nach seinem Namen gefragt wird, „Quiquak". Dann müssen alle über die Mitte laufen [durch Bodenfliese gekennzeichnet] und sich einen neuen Platz suchen. Wer keinen Platz mehr erwischt, darf jetzt nach draußen gehen. Ein neuer „Quiquak" wird gewählt. ...
Spielvarianten je nach Alter:

nach Straßen, Telefonnummern, Lieblingsessen, Haustier, Namen der Oma ... fragen;
nach fünf Fehlversuchen einen Witz erzählen.

Literatur zu Begrüßungs- und Geburtstagsritualen:

Jackel (ebenda): *Guten Morgen, ihr Beinchen, Kapitel 2.2*
Klein, 1975: *Heraus aus den Betten S. 4, Geburtstagsgruß, S. 7*
Köppen & Riess, 1990: *Guten Morgen S. 21, Bruder Jakob, S. 85* [türkisch + deutsch]

Literatur zur Gestaltung des Morgenkreises:

Garlichs, 1990: *Alltag im offenen Unterricht.*
Scholl, 1998: *Offener Anfang und Morgenkreis – Unser Start in den Schulalltag*, In: K. Burk et al. Grundschule mit festen Öffnungszeiten.
Struck, 1998: *„Montags-Syndrom" und morgendlicher Stuhlkreis, S. 280; Bezugsgrößen für Wohlbefinden S. 158*
Ronte-Rasch, B. Thurn et al. *Grundschule mit festen Öffnungszeiten, S. 45-47.*
Wallaschek, 1990: *Stilleübungen – Beispiele und Erfahrungen,* In: G. Faust-Siehl et al. Mit Kindern Stille entdecken [zum Morgenkreis S. 75-80]

3.2.2 Adventsrituale

In Bayern nennt man die Adventszeit auch die „stade Zeit", womit die Menschen eine ruhige und stille Zeit bezeichnen wollen. In unseren multikulturellen staatlichen Grundschulen erscheint es angebracht, den Akzent weniger auf die christlichen Inhalte zu setzen als eher auf jenes Stille-Finden und Geborgenheit-Fühlen in einem Abschnitt des Jahreskreises, der uns täglich viele Stunden Dämmerlicht und Dunkelheit beschert. Hier heißt es, Spiele gegen Anspannung und Nervosität anzubieten. In der Literatur finden sich Hinweise darauf, daß gerade diejenigen Kinder, welche das Ruhen in sich selbst noch nie erfahren konnten, anfänglich Schwierigkeiten haben mit derartigen organisatorisch rituellen Stilleübungen (*Cavelius*, 1998; *Kaufmann-Huber*, 1995). Aus der Praxis des Grundschulalltages läßt sich dazu sagen: Je konsequenter, unbeirrter die Lehrkraft in bestimmtem Zyklus auf Stilleübungen zurückkommt, desto rascher werden die Kinder dafür sensibilisiert, fügen sich ein und finden Gefallen daran. In meiner praktischen Arbeit erlebte ich in einem 3. Schuljahr, welches ich als Klassenlehrerin gerade neu übernommen hatte, daß eine Mutter sorgenvoll das Versäumnis ihr vorrangig erscheinender fachspezifischer Lerninhalte (Deutsch, Mathematik, Sachkunde) vorauszusehen glaubte, wenn die Zeit mit Stilleübungen „vertan" werde. Sie forderte diese Vermittlung von Lerninhalten nachdrücklich ein! Ich riet ihr, sich meine Unterrichtsvorhaben bitte einige Wochen anzusehen und die Reaktionen ihres Kindes zu beobachten. Dieser Fall war der einzige im Verlauf meiner 29 Jahre Grundschularbeit, in dem eine Erziehungsberechtigte nach einem Halbjahr zu mir kam und sich ob ihrer anfänglichen Vorwürfe entschuldigte. Ihr Kind hatte nämlich die Stille-Phasen im Unterricht als entspannend empfunden und darin eine Quelle der Schulfreude finden können. Bewahren wir Lehrer uns solche Bestätigungen unserer pädagogischen Arbeit sehr gut; denn sie sind äußerst selten!

Zurück zur Adventszeit, die sich für organisatorisch rituelle Unterrichtssequenzen besonders anbietet: Die Dunkelheit beim morgentlichen Schulweg läßt erwartungsvolle Vorfreude auf die Adventsrituale aufkommen. Auch der Glimmer in den weihnachtlich geschmückten Schaufenstern, die Christbäume auf den Gehwegen, die Weihnachtsgirlanden über den Fahrbahnen in Innenstadtbereichen und die Weihnachtsmärkte wecken in unseren Kindern Sehnsüchte, sich etwas von diesem Glanz mit in ihre tägliche kleine Welt hineinnehmen zu können. Denn in den Familien werden vorweihnachtliche Rituale und Stille-Inseln an Adventssonntagen seltener. Die Schule kann hier auch als Beispiel vorangehen mit ihren Adventsritualen, so daß die Kinder diese auch im Familienkreis wieder einfordern werden.

Stellen wir in unseren multikulturellen Kindergruppen das Stille-Finden über spezifisch christliche Anliegen (wie die Vorbereitung auf die Ankunft des Heilandes Jesus Christus), können organisatorisch rituelle Stille-Sequenzen in der Adventszeit *wöchentlich einmal*, – bspw. an jedem Montag in der Adventszeit –, eingebaut werden. Dann gibt es einen Adventskalender, bestehend aus vier Päckchen: je ein Päckchen für jede Adventswoche. Mit Glitzerpapier oder bemaltem Packpapier verpackt, stellt die Klassenlehrerin diese vier Schachteln im Klassenzimmer bereit. In jeder Adventswoche erwartet die Kinder dann das Adventsritual: Die Kerzen der Tischdekoration werden angezündet, Lieder zum Jahreskreis gesungen, eine Geschichte vorgelesen. Dann wird eine Schachtel geöffnet. Darin befindet sich das komplette Bastelmaterial für eine Bastelarbeit im Klassensatz; z. B. für Rauscheengel in Tischgruppenarbeit, für Fensterbilder in Einzelarbeit oder für Kerzenständer in Partnerarbeit. Auch ein weihnachtliches Mandala kann in diesem wöchentlichen Adventsritual seinen Platz finden. Die Wirkweise des Mandalamalens wird in Kapitel 3.2.5 besprochen.

Feste Bestandteile des wöchentlichen Adventsrituals:

– Kerzen der Tischdekoration anzünden
– Adventslieder oder Lieder zum Jahreskreis singen
– Adventsgeschichte (besinnliche Geschichte) vorlesen
– Adventsbasteln

Beispiel für den Inhalt einer „Adventsschachtel":

„Kerzenständer" in Partnerarbeit
Materialien:
Bucheckern (im Herbst auf einem Unterrichtsgang gesammelt und gut getrocknet),
Bierdeckel (Anzahl: halbe Klassenstärke),
Deckfarben (Gold und Silber bereitstellen),
Kerzen (Anzahl: halbe Klassenstärke),
Kleber.
Die Malutensilien befinden sich unter den Kunsterziehungsmaterialien der Kinder.

Die Bastelpartner malen ihren Bierdeckel und die Bucheckern an. Dann lassen sie alles gut trocknen. Jetzt wird je eine Kerze auf einen Bierdeckel geklebt. Nun gilt es, die vergoldeten / versilberten Bucheckern um die Kerze zu arrangieren und ebenfalls aufzukleben. Diese Bastelarbeit ist in ca. einer halben Stunde fertiggestellt.

Literatur zu Adventsritualen:

Cavelius, 1998: *Rituale im Jahreslauf S. 113-131.*
Holitzka, 1998: *Christliche Mandalas* [geeignet für 3., 4. Schuljahr]
Kaufmann-Huber, 1995: *Rituale für einen lebendigen Jahresablauf S. 127-138.*
Poppen, 1998a: *Mandala + Schreibspaß* [geeignet für 1., 2. Schuljahr]
Poppen, 1998b: *Mandala + Rechenspaß* [geeignet für 1., 2. Schuljahr]
Roß & Erker, 1998: *Sternzauber, Feuerwerk, leuchtende Kugel* [geeignet für Kindergarten und 1. Schuljahr]
Wallaschek, 1990: *Advent – Der Weg zur Grippe S. 115-117* In: G. Faust-Siehl et al. Mit Kindern Stille entdecken.

3.2.3 Tägliche Bewegungszeiten und Aktive Pausen

Seit man erkannt hat, daß Bewegungszeit keinen Verlust darstellt für Lernzeit, haben sich neben Therapie und Rehabilitation auch im Grundschul- und Sonderschulbereich Nischen für psychomotorisch förderliches Spielen etablieren können, auch psychomotorisch dienliche Pausenspiele.
Bei allen Autorinnen und Autoren aus dem Bereich Motopädagogik wird das psychomotorisch förderliche Spiel übereinstimmend verstanden als primär-intrinsisch motivierter Umgang mit Materie, wobei Materie auch die Ideenwelt beinhaltet. Es dient der Auseinandersetzung mit der Umwelt, ohne daß ein von außen gesetzter Zweck dahintersteht. Dieses psychomotorische Spiel als erlebnisorientierte Bewegungssituation ist gekennzeichnet durch:

– den Einsatz interessanter Materialien oder den Gebrauch variabler Spielregeln,
– Inhalte mit großem Aufforderungscharakter,
– Berücksichtigung der Bedürfnisse und Interessen der Kinder,
– die Möglichkeit experimentellen und selbständigen Umgangs mit den zur Verfügung gestellten Materialien in individueller Auseinandersetzung oder im Gruppenspiel,
– Anteilnahme und Ernstnehmen gefundener Bewegungslösungen ohne Leistungsdruck und -vergleich,
– Erreichung variabler Verfügbarkeit über Bewegungsmuster.

Dazu ist geeignetes psychomotorisches Lernspielzeug nötig. Es
- fördert motorische Grundfertigkeiten und vielfältige Bewegungserfahrungen,
- animiert zur Bewegung und erfordert dabei bestimmte motorische Anpassungsleistungen,
- vermittelt Lebensfreude,
- hat warme Berührungsqualitäten, geringes Eigengewicht, leichte Zerlegbarkeit und einfache Handhabungsmöglichkeiten bei zugleich hoher funktionaler Effektivität (*Jackel*, 1998d).

Die Einforderung von festen Pausenzeiten mit offenem Spielangebot begann mit der **Täglichen Bewegungszeit**. *Wasmund-Bodenstedt* (1984), *Stübing und Lutz* (1992) sehen die Tägliche Bewegungszeit als offenes Bewegungskonzept, das situativen und sporadischen Charakter hat im Hinblick auf die ausgeführten Bewegungshandlungen. Jedoch bezüglich ihres Platzes im Gesamt des Schulvormittages einer Grundschule wir die Tägliche Bewegungszeit definiert als „eine – jeden Tag in der Mitte des Schulvormittags – wiederkehrende und daher vertraute Handlungssituation ..." (*Wasmund-Bodenstedt*, S. 28). Hier werden Bewegungsanweisungen ersetzt durch Experimentieren, Probieren, Variieren und Anwenden. Die Kinder erproben veränderbare Spielräume mit den variabel einsetzbaren Geräten, vollziehen bei Spielkameraden beobachtete Bewegungsmuster nach und praktizieren planendes Tun bis hin zu komplexen Spielhandlungen.

In einigen Bundesländern der BRD sind heute **Aktive Pausen** feste Bestandteile des Grundschulvormittages (z. B. Hessen). Hier wurde per Erlaß lediglich das festgeschrieben, was seit Jahren bereits positive Schulrealität ist. „Aktive Pausen sind (Pausen-)Zeiten, die den Schulalltag rhythmisieren, in denen Tätigkeiten, Spiele und Handlungen der Schüler ... von der selbstbestimmten, eigeninitiierten Aktivität der Schüler ausgehen, unterstützt, gefördert und betreut durch aktiv mitgestaltende Pädagogen ...." (*Burmeister & Laurisch* in: Behörde für Schule, Hamburg (Hrsg.), 1997, S. 8). Damit sind Aktive Pausen wie auch die Tägliche Bewegungszeit als offene Lernsituationen zu sehen, in denen Bewegungsanweisungen ersetzt werden durch Experimentieren, Probieren, Variieren und Anwenden. Die posi-

tiven Wirkungen solcher Pausenaktivitäten liegen zum einen im Rahmen der Persönlichkeitsentwicklung im motorischen, sensorischen, kognitiv-sprachlichen, emotionalen und sozial-kommunikativen Entfaltungsbereich (wobei der motorische Bereich als Medium wirkt), zum anderen in der Pflege und Erhaltung von Kreativität und Offenheit, um sich konstruktiv zu verhalten und Handlungsplanung zu üben.
Damit wird die Aktive Pause zur organisatorisch rituellen Sequenz des Grundschulvormittages. Denn die Kinder freuen sich auf jenen fest verankerten Teil in ihrem Vormittag, in dem sie frei agieren dürfen. Dabei zählt nicht die Sozialnorm mit ihrem Bewertungssystem, sondern die individuelle Bezugsnorm: *„Ich kann das Rollern heute noch genau so gut wie gestern. Ich habe etwas dazugelernt. Ich habe heute schon weniger Angst dabei. Kann ich es auch auf einer Gefällstrecke ... mit einer Freundin / einem Freund zusammen ... um die Büsche und Rondells ...?"*
Der Spaß an der gelungenen Handlung wirkt motivierend. Es entsteht eine Spirale aus Erwartungshaltung, Spaß am eigenen Tun und gesteigerter Handlungskompetenz.
Die Grundschullehrerin tritt an den Rand des Geschehens. Ihre Funktion besteht darin, die Übungsgeräte und -situationen nach Sicherheitsgesichtspunkten zu arrangieren bzw. bereitzustellen und eventuell individuelle Hilfen zu geben. Denn psychomotorisches Lernspielzeug bedarf mitunter auch gerätetypischer Handlungskompetenz. Eine fachgerechte Anleitung kann vor möglichen körperlichen Verletzungen schützen, statt eines Erkundens durch trial and error um jedem Preis.

Beispiele für Lernspielzeuge im Rahmen der Täglichen Bewegungszeit und Aktiven Pause:

— Psychomotorisches Spielgerät: medizinische Luftballons, Reifen, Frisbee-Scheiben, Seile, Lauf-Dollis, Hüpfstöcke, Stelzen, Pedalos, Laufräder, Tretroller, Pedasans (Bärenrollen), Jongliergeräte (Jo-Jos und Diabolos), Speckbretter, Federbretter, Spielwürfel, Riesenkreisel, Skate-Rodels (Schlitten mit Rollfahrwerken), Hockey, Federball, Softbälle, u. a.

— Alltagsmaterialien, für psychomotorisch orientierte Bewegungserziehung nutzbringend:

Stoffbälle, Papprollen, Zeitungsrollen, Handtücher, Hosengummischnüre, Auffangbecher aus aufgeschnittenen Spülmittelflaschen (Hauptsache: Henkel vorhanden), Ballschlagbretter aus umgebogenen Drahtkleiderbügeln mit Strumpfhosen überzogen, Pappkartons, Dosen, u. a.

– Stationäre Geräte und Untergründe:
Hängebrücke, Rutsche, Baumstümpfe (als Hüpfpilze), Ballspielwand, Rollfläche, Hügel / Wälle, Balancierbalken, Reckstangen, Sand- und Grasflächen u.a.

Abb. 34: *Außenspielzeug*

Beispiele für den psychomotorisch förderlichen Umgang mit Außenspielzeugen in der Täglichen Bewegungszeit und Aktiven Pause:

1. Tägliche Bewegungszeit mit „Mach mit"-Box und „move it"-Box:

Im Rahmen der Erlaßreihe „Erste Klasse im Verkehr" (Erlasse zur Verkehrserziehung in Grund- und Sonderschulen ab 1993) zur verkehrserzieherischen Propädeutik wurde in Hessen im Schuljahr 1994/95 jeder Grund- und Sonderschule eine „Mach mit"-Box übergeben mit psychomotorischem Kleinmaterial wie u.

a. Rhythmiktüchern, Frisbeescheiben, aufblasbaren Bällen verschiedener Größen, Springseilen und Hüpfdiscs. Da der Erfolg bei der Steigerung psychomotorischer Handlungsfähigkeiten mit diesem Lernspielzeug im Schulalltag offensichtlich ist, er in wissenschaftlicher Untersuchung nachgewiesen werden konnte (*Jackel*, 1997) und den Kindern Freude bereitet, gibt es diese Spielebox derzeit unter dem Namen „move it"-Box (*Deutsche Verkehrswacht & GHS*).
Beide Boxen sind für den Einsatz in dem ersten Schuljahrgang konzipiert. Sie sollen nur den 6- und 7jährigen zur Verfügung stehen, werden somit von ihnen sorglich behandelt, haben ihren festen Platz im Klassenzimmer und werden zur Täglichen Bewegungszeit mit auf den Pausenhof genommen. Die psychomotorischen Materialien sind einfach zu handhaben und entsprechen damit der pädagogischen Vorgabe der lerntheoretischen Stufung vom Leichten zum Schweren: Die Kinder bewegen sich hier mit den Spielzeugen (Tüchern, Bällen, Seilen) auf dem festen Untergrund, indem sie laufen, abstoppen, hüpfen, kriechen, sich drehen, fangen und werfen. Erst wenn die Bewegungsvielfalt auf verschiedenen Schulhofuntergründen (Asphalt, Sand, Erde, Gras, Mulch, Platten) sicher ist, sollten bodenferne Spielgeräte wie Lauf-Dollis oder gar Geräte mit so schmaler Auflagefläche wie Tretroller bereitgestellt werden.
Die Kinder händeln das Boxenmaterial in freiem Spiel, tauschen es nach Belieben untereinander aus und kombinieren verschiedene Geräte im Spiel. So werden bspw. kleine Bälle mit Rhythmiktüchern transportiert oder Hüpfkästchenspiele mit den Hüpfdiscs arrangiert.

2. Aktive Pausen mit Roll- und Gleitspielzeugen:

In den Aktiven Pausen einer Grundschule spielen mehrere Klassen gleichzeitig auf einer Pausen-Spiel-Fläche. Für das dafür bereitgehaltene Außenspielzeug muß es feste Aufbewahrungsplätze und für Hol- und Einsammeldienste eingeteilte Schülergruppen geben. Sorgliche Behandlung und Minimierung des Schwundes kommen über die Freude der Kids am Spiel mit diesem Material zustande: Die Kinder entwickeln Verantwortung für ihr Spielzeug. In der gemeinsamen Aktiven Pause kommen zu den einfachen Materialien *mit* denen man agieren kann auch

Außenspielzeuge hinzu, *auf* denen gerollt und geglitten wird (z. B. Tretroller, Rollbretter, Kombipedalos, Skate-Rodler). Die Lehrkräfte nehmen sich aus dem freien Kinderspiel weitestgehend zurück. Beim Spiel mit Rollbrettern jedoch achten sie aus gesundheitsprophylaktischen Gründen darauf, daß die Unterlassung des Stehens auf dem Brett und gefährliche Handgrifftechniken den Kindern einsichtig werden. Beim Tretroller sind gerätespezifische Eigenheiten zu beachten: Ungenaue Lenkbarkeit bedingt ausreichenden Platz. Die Technik der Hinterradfußbremse muß erklärt und geübt werden.

Die situativen Voraussetzungen eines Schulgeländes bestimmen die jeweils vertretbare Variationsbreite des einsetzbaren Spielmaterials. Auch finanzielle Ressourcen sind eine nicht zu vernachlässigende Größe.

Literatur zur Täglichen Bewegungszeit und Aktiven Pause:

Behörde für Schule, Jugend und Berufsbildung, Amt für Schule, Hamburg (Hrsg.), 1997: *Aktive Pause. Anregungen für bewegte Pausen.*
Besele, 1999: *Pausenlust statt Schulhoffrust.*
Eckert, 1999: *Bewegungsraum Schule.*
Küpper, Kottmann & Pack, 1997: *Bewegungsfreudige Schule.*
Stübing & Lutz, 1992: *Die Tägliche Bewegungszeit.*
Wasmund-Bodenstedt, 1984: *Die tägliche Bewegungszeit in der Grundschule.*

3.2.4 Entspannungsspiele

An- und Entspannungsspiele müssen bei effektivem Lernen in ausgewogenem Verhältnis zueinander stehen. Deshalb unterliegt jeder Schultag dem Rhythmus der Muskeln in Bewegung, wobei sich Muskeltonus, Aktivitätsniveau, Aufmerksamkeitslevel und vieles mehr ständig verändern. Bewegung und Ruhezustand sind Ausdruck von neurophysiologischen Abläufen (Abläufen des Nervensystems mit Beeinflussung von Organen) einerseits und neuropsychologischen Zusammenhängen (Zusammenhängen zwischen nervalen und psychischen Vorgängen) andererseits.

In unserer heutigen Gesellschaft mit den für Kinder ungünstigen sozialen, räumlichen und zeitlichen Bedingungsgefügen, haben wir es gehäuft mit zappeligen, unkonzentrierten, fahrigen – eben reizüberfluteten Kindern zu tun. Sie brauchen Zeit und Gelegenheit, die einströmende Reizvielfalt zu selektieren, zu kanalisieren, zu verarbeiten und wieder zur Ruhe und ins Gleichgewicht zu kommen. Entspannungsspiele sind für Kinder aus ungünstigen sozialen Verhältnissen in wenig kinderfreundlichen Wohngegenden (enge Wohnung, Geschwisterkette, Einspannung in Hol- und Bringdienste im Rahmen der Familie, ungünstige Außenspielmöglichkeiten, etc.) oft die einzige Zeit im Verlauf eines Tages, in der sie in sich ruhen und ihre Mitte finden können. Entspannungsspiele sind Oasen der Stille, Mittel gegen Nervosität und organisatorisch rituell an bestimmten Stellen des Schultages einfügbar:

– am Ende einer Sporteinheit (Aufwärmphase – Ausagieren – Entspannungsphase),
– vor oder nach kognitiv anstrengender Arbeitsphase (Rechtschreibübung / Rechenübung + Entspannung; Entspannung + Rechtschreibübung / Rechenübung),
– zum Ausklang des Vormittages vor dem Heimweg.

Es erscheint unverantwortlich, innerlich aufgewühlte Kinder, – wie bspw. nach einem Sportspiel oder nach einer anstrengenden Klassenarbeit –, unvorbereitet auf den Heimweg zu entlassen. Hier wirken Entspannungsspiele dahingehend, daß sie das Aktivitätsniveau senken, die Wahrnehmungsfähigkeit für kommende Inhalte steigern und Entspannung hervorrufen.
Entspannungsübungen als Stilleübungen gehören zum „Prozeß der Besinnung", was nichts anderes bedeutet als Meditation. Sie ist eine besondere Art des Wachseins. Meditation ist gekennzeichnet durch:

– sinkendes Aktivitätsniveau,
– sinkende Atemfrequenz und sinkenden Sauerstoffverbrauch,
– sinkenden Blutdruck,
– sinkenden Milchsäurespiegel,
– erhöhten elektrischen Widerstand der Haut als Gradmesser des Meditationsstadiums,
– sinkenden Muskeltonus,
– Verschwinden der Formen körperlicher Verspannung (Span-

nungskopfschmerz, Verkrampfungen im Nacken- und Rückenbereich),
- das Abfallen des Alltags, Verfliegen von Sorgen und Ängsten und Einstellung von Harmonie;
- den Aufbau heilender Energien (bei Neurosen, Psychosen, Schizophrenien),
- gesteigertes Selbstwertgefühl.

Abb. 35: Phantasiereise zum Ausklang einer Bewegungsgeschichte

Entspannungstechniken für Kinder sind hervorgegangen aus klassischen Methoden. Für die Praxis mit Kindern haben sich daraus Kombinationsmethoden entwickelt.

zum realen Muskeltonus
Hierzu gehören als Tiefenentspannungsverfahren die *progressive Muskelrelaxation* oder *Tiefmuskelentspannung* mit dem Ziel des Wechselspiels von An- und Entspannung der Muskeln, Blutgefäße und Nerven. Zur Entwicklung eines Körperkonzeptes benötigen die Kinder vornehmlich Basissinne (taktile, propriozeptive und vestibuläre Sinnesmodalitäten). Sie gilt es über pro-

```
           Entspannungstechniken für Kinder
                 Die klassischen Methoden
realer Muskeltonus                vorgestellte Wahrnehmungen
• Progressive Muskelrelaxation    • Autogenes Training
• Meditative Übungen              • Imaginations- oder Gedächtnisübungen
• Yogaübungen
             Kombinationsmethoden für die Schulpraxis
       realer Muskeltonus, Bauchatmung und vorgestellte Wahrnehmungen
                    • Vorstellungsbilder
                    • Fantasiereisen
                    • Yogazyklus für Kinder
                    • Meditatives Musikhören
                    • Mandala–Meditation
```

Abb. 36: Entspannungstechniken für Kinder

gressive Muskelanspannung und -entspannung zu üben und bewußt zu machen. Das Wechselspiel des An- und Entspannens der Muskeln geschieht gezielt und willkürlich (= bewußt). Kontraste werden provoziert und bestimmte Körperpartien in einzelnen Übungen getrennt angesprochen.

Beispiele finden sich in:
Booth, 1997: *das Gesicht, Grimassenkönig S. 40-41, Kopf und Schulter S. 43-44*
Cavelius, 1998: *das bucklige Männlein, der starke Ritter S. 91-93*
Neumann, 1995: *Tiefmuskelentspannung mit den Übungen: King Kong, Quasimodo, Siegfried, Herkules, Tarzan S. 22-34, 44-46.*

Auch **meditative Übungen** arbeiten mit realer Änderung des Muskeltonus. Ihr Ziel ist es, die Fähigkeit und Bereitschaft zu fördern, sich und die Welt anzunehmen und sensibel auf die Mitwelt zu reagieren, sie zu achten und bewahren zu helfen. Man gliedert die meditative Übung in eine Einführungsphase (Geschichte zu einem Körperteil), ein Gespräch über den Körperteil, Anspannungsübungen mit diesem Körperteil und in eine Entspannungsphase (ein kurzes Spiel mit dem Körperteil).

Beispiele finden sich in:
Brunner, 1991: *der Fuß S. 80-83, führen und sich führen lassen S. 89-91*

Die dritte Gruppe der meditativen Methoden mit realer Muskelspannung sind **Yogaübungen**. Man konzentriert sich auf die einzelnen Bewegungssequenzen und strebt die Beherrschung des eigenen Körpers an. Zu jeder Bewegungssequenz gibt es genaue Handlungsanweisungen: exakte Stellung einzelner Gliedmaßen zueinander und im Raum.

Beispiele finden sich in:
Cavelius, 1998: *der Löwe S. 80, die Katze S. 81, der Bär S. 81, der Storch S. 82, das Krokodil S. 82-83, der Schmetterling S. 83, die Sonne S. 83*

zu vorgestellten und gedachten (suggestiv erzeugten) Wahrnehmungen

Hierzu gehört das **Autogene Training**, ein autosuggestives Verfahren zur Vorbeugung und Heilung von Streßerscheinungen und Überforderung. Es ist ab dem 7. Lebensjahr einsetzbar (*Neumann*, 1995). Die Entspannung vollzieht sich durch die Konzentration auf das eigene körperlich-seelische Geschehen. Nebengedanken werden weggeschaltet. Hier bedient man sich der Imagination. Über Schwere- und Wärmeformeln und Atmungstechniken können sich die durch Wut, Schreck oder Angst verengten Arterien wieder entspannen und weiten, und der arterielle Blutdruck sinkt. Die Muskelentspannung bewirkt einen größeren Blutfluß und bessere Durchblutung. Es entsteht ein Gefühl der Wärme. Somit wird das vegetative Nervensystem – bes. über Hypothalamus und Medulla Oblongata in Zwischenhirn und verlängertem Rückenmark – durch angenehme Gefühle positiv beeinflußt (Organbeeinflussung über Emotion), so daß wieder richtige Signale an Organe wie Augen, Herz, Lunge, Magen, Speicheldrüse, Leber, Nieren, Darm, Blase, Geschlechtsorgane und Blutbahnen gesendet werden können. Das hebt Fehlfunktionen auf; z. B. Spannungszustände werden ausgeglichen wie Spannungskopfschmerz. Durch diesen Prozeß der psychovegetativen Umschaltung werden Menschen stabiler, ruhiger, ausgeglichener und selbstbewußter. Ein seelisches Schutzpolster wird geschaffen, so daß Belastungen und Ängste nicht mehr so unter die Haut gehen. Bei diesem Verfahren ist regelmäßige Anwendung erforderlich: täglich vor Unterrichtsbeginn, vor den Hausaufgaben und vor dem Einschlafen.

Beispiele finden sich in:
Cavelius, 1998: *Schwereübungen, Wärmeübungen S. 86-87*
Neumann, 1995: *Wie ein Kater im Körbchen S. 13, Wunderbare Unterwasserwelt S. 14, Kühler Wind weht um die Stirn S. 16-17, Übungen für Arme, Beine, Atmung, Herz und Sonnengeflecht S. 66-79*

Bei **Imaginations- oder Gedächtnisübungen** erfolgt ein *betonter und bewußter* Einsatz der Sinne während der Meditation. Sie gehen zurück auf Ignatius von Loyola (1491-1559), den Gründer des Jesuitenordens. Was man in Gedanken durchlebt, sollte man

— mit den Augen der Einbildungskraft sehen,
— mit den Ohren der Einbildungskraft hören,
— mit dem Geruchssinn der Einbildungskraft kosten,
— mit dem Tastsinn der Einbildungskraft berühren.

Solche Stilleübungen beginnen mit „Erinnerst du dich noch, als wir im Wald durch das Laub liefen, ... Rinde berührten, ... einen Spaziergang am Bach entlang unternahmen, ... als du eine Portion Eis aßest, ..." Eine solche Imaginationsübung ist wie ein Memory des wirklichen Lebens. Die *bewußte* Meditation mit Kindern arbeitet mit Imagination und will zur imaginativen Bewußtwerdung hinführen im Überbewußten nach der Lehre von C. G. Jung und auf der alam-al-mithal-Ebene aus der Lehre des Orientalisten H. Corbin (*Splieth*, 1998). Mit Kindermantras (z. B. „OM", „Balalaika", „Zwieback"), der Atemwelle und dem „Licht im eigenen Körper" wird die Aufmerksamkeit nach innen herbeigeführt. Das Kind spürt, wie auch beim Autogenen Training, Wärme und kann sich beruhigen und entspannen. Der bewußte Einsatz dieser Meditationsübungen will den Kindern eine Orientierungshilfe anbieten bei der sinnvollen Entdeckung ihres geistigen Potentials (Entdeckung und Erweiterung geistigen Wachstums) und der Entfaltung geistiger Kreativität, um Bereitschaft zu erwekken, Verantwortung im Leben zu übernehmen und ihr geistiges

Leben aktiv zu gestalten.

Beispiele finden sich in:
Cavelius, 1998: *Erinnerst du dich noch? S. 68-69*
Jackel, 1999: *Schatzsuche*
Splieth, 1998: *Meditation mit Kindern: Bauchnabeltürreisen und die Geburt eines Schmetterlings*

Aus den Erkenntnissen der oben genannten Verfahren sind für die Kinder in den Familien, in Kindergärten, Horten, Grund- und Sonderschulen (auch für Jugendliche) **Kombinationsverfahren** entwickelt worden, die aus den klassischen Methoden das herausschöpfen, was für die jeweilige Kindergruppe pädagogisch sinnvoll erscheint. In der Grundschule stellt bspw. eine Phantasiereise keine gezielte Form einer bestimmten Entspannungstechnik dar, sondern dient meist der entspannenden Gelöstheit nach einer Ausagierungsphase. An ihrem Ende muß den Kindern (über Ausstiegsformeln) Zeit und Gelegenheit gegeben werden, wieder langsam aus der Phantasiereise auszusteigen und in die Realität zurückzukehren.

zum realen Muskeltonus, zur Bauchatmung in Kombination mit vorgestellten Wahrnehmungen
Vorstellungsbilder bedienen sich der Imagination aus dem Autogenen Training (z. B. *Fischer-Olm* „Tulpenzwiebel" S. 195; *Splieth* „in eine Blume schlüpfen" S. 107-109).
Stilleübungen für die Sinne arbeiten mit dem bewußten Sinneseinsatz zwecks vertiefter Sinneserfahrung. „Je intensiver und bewußter ein Kind seine Sinne einsetzen ... [kann] [Primärerfahrung], desto selbstbewußter wird es. Es ist frei von Angst und innerlich gesammelt." (*Cavelius*, 1998, S. 68). Stilleübungen für die Sinne sollten von kurzer Dauer sein, damit keine Überforderung eintritt (z. B. *Cavelius* „Übungen zum Hören, Riechen ..." S. 68-79; „Wir horchen in unseren Körper hinein" S. 70; *Jackel* (1998d) und *Herzig* (1994): Parcours der Sinne mit Krabbelsäckchen, Riechparcours, Laufparcours, Klangoasen und Tastmemories).
Phantasiereisen ähneln den Imaginations- und Gedächtnisübungen. Sie können mit Elementen des Autogenen Trainings, mit Schwere- und Wärmeformeln oder mit Bauchatmung verbunden

sein (z. B. *Cavelius* „im Zaubergarten" S. 88-89; *Köckenberger / Gaiser* „die bunte Stadt" S. 116-119, „der Kobold" S. 99-103; *Krawietz* „Eisbärenruhe" S. 104-105; *Petermann* „Käpt'n Nemo" S. 242-249).

Cavelius (1998) entwickelt einen **Yogazyklus für Kinder** (S. 80-83).

Die **progressive Muskelrelaxation** kann sowohl einzelne Körperteile ansprechen (z. B. *Neumann* „King Kong", „Quasimodo", „Siegfried", „Herkules", „Tarzan" S. 22-31) als auch in einer Geschichte für den ganzen Körper verpackt sein (z. B. *Booth* „Martins Karnevalskostüm" S. 72-75).

Zu den *indirekten Entspannungübungen* gehört das **Meditative Musikhören.** Es verarbeitet Imaginations- und Gedächtnisübungen. In „Peter und der Wolf" wird beim stillen Anhören der Musik bspw. das Quarren der Gartentüre mit dem Klang des betreffenden Musikinstruments verglichen und assoziiert.

Die **Mandala-Meditation** bringt Ruhe für Augen und Ohren: Die Augen ruhen auf einem Punkt, halten ein Muster fest; die Stille im Raum wirkt wohltuend auf das überstrapazierte Hörsystem. Konzentration und Entspannung werden gefördert. Außerdem schafft die Ordnung des Mandalas Orientierung beim Kind und damit Selbstsicherheit. An anderer Stelle dieses Buches wird dem Ritual des Mandala-Malens ein gesondertes Kapitel gewidmet.

Es gibt verschiedene Möglichkeiten, mit Mandalas umzugehen, wie gegebene Mandalas ausmalen (z. B. *Cavelius & Wuillemet*, 1997); Natur-Mandalas suchen und zur Gemeinschaftsarbeit zusammenfügen (z. B. *Cavelius & Wuillemet,* 1998; *Jackel*, 1998a); Mandalas mit Geschichten kombinieren: das Thema des Mandalas ist in eine Geschichte verpackt; damit werden die Gedanken beim Ausmalen auf den Inhalt der Geschichte gelenkt (z. *B. Roß & Erker* „Fantasiereise zum Tor" S. 29, „der kleine Delphin" S. 31); getanzte Mandalas: das Mandala ist die zweidimensionale Form des dreidimensionalen gebundenen Tanzes (z. B. *Fischer-Olm* S. 213-214).

Beispiele für Entspannungsspiele nach sportivem Ausagieren:

1. Bewegungsgeschichte „Apachen und Sioux" (vgl. Kapitel 3.1.4, Spiel Nr. 4)

Hier kann als Abschluß statt des oben beschriebenen Liedes „Heyanana" sich auch eine Phantasiereise als Entspannungsspiel anschließen.

Abschluß: Phantasiereise als Entspannungsspiel
Die Spielleiterin erzählt eine Phantasiereise nach Merkmalen des Autogenen Trainings mit Wärme- und Schwereformeln und Atmung (*Petermann*, 1997) und nach der Übung „King Kong" zur Tiefmuskelentspannung (*Neumann*, 1995):

Wir Indianer fühlen uns abgekämpft und müde. Unsere Augen sind ganz müde, die Augenlider schwer. Wir legen uns auf den Rücken ins Gras [Turnmatten]. Wir atmen ganz ruhig und gleichmäßig sechsmal durch die Nase ein und durch den Mund aus. Unsere Herzen schlagen ruhig und gleichmäßig (sechsmal). Alles ist im Einklang. Wir fühlen uns unbeschreiblich wohl. Und weil das alles so guttut, fühlen wir auch ein wohliges Kribbeln im Bauch: wohlig und strömend warm. Unsere Gliedmaßen werden nacheinander schlapp und schwer: Der rechte Arm wird ganz schwer (sechsmal). Der linke Arm ... Das rechte Bein ... Das linke Bein ... Die Sonne scheint warm auf uns herab und Arme und Beine werden warm und schwer. ...
Jetzt weht ein angenehm kühler Wind über die Stirn (mit dem Zeigefinger etwas Speichel auf die Stirn streichen), und die Indianer fühlen sich frisch und konzentriert. Sie setzen sich auf, beugen und strecken ihre Arme ganz fest (dreimal), räkeln sich, atmen tief ein und aus und öffnen ihre Augen.

Der große Manitu zählt die Speere auf jedem Stammesland. Derjenige Indianerstamm hat gesiegt und darf als erster wieder aufstehen, auf dessen Land am wenigsten Pfeile liegen.

2. Bewegungsgeschichte „Tarzan und die Dschungelaffen"

Einstieg: Rahmengeschichte
Tarzan hat mit den Dschungelaffen ein Fest gefeiert. Am nächsten Tag haben sie ein riesiges Durcheinander aufzuräumen. Die Affen haben dazu aber keine Lust.

Spielhandlung:
So werfen sie ihre Abfälle [Softbälle, Sandsäckchen, Ringe, Chiffontücher ...] einfach in den Fluß [1 Reihe Bodenmatten]. Die Krokodile [die Hälfte der Kinder] werfen den Affen [andere Hälfte der Kinder] die Abfälle zurück, bis Tarzan [Spielleiterin oder 1 Kind] dem wütenden Treiben durch seinen Urwaldschrei ein Ende setzt. Jetzt haben diejenigen Dschungeltiere gewonnen, die am wenigsten Abfälle auf ihrem Gelände haben. Müde räumen nun alle ihren Urwald auf [Materialien in eine Kiste legen].

Tarzan und die Affen wollen jetzt nach Hause fahren [Roller]. Tarzan hat aber keinen Roller. Die Affen greifen sich jeder eine Liane [buntes Springseil], binden sie an ein Lenkerende und sausen los. Ein Affe hat kein Seil mehr bekommen. Er muß Tarzan mitnehmen [2 Personen auf 1 Roller]. Dem Affen ist Tarzan zu schwer. Er kann ihn aber nur loswerden, wenn er auf die Liane eines anderen Affen tritt. Dieser muß dann anhalten; und Tarzan wechselt das Gefährt. [Die Kinder spielen, bis das Spiel ausgereizt ist.]

Abschluß: Phantasiereise als Entspannungsspiel:
Die Spielleiterin erzählt nach der Übung „Tarzan" zur Tiefmuskelentspannung (*Neumann*, 1995):

Tarzan will sich nun zum Schlafen in sein Baumhaus niederlegen. Dazu muß er sich an einer Liane hochziehen. Wir sind Tarzan und beugen uns ganz weit nach vorne, so daß eine Hand bis zum Fußboden reicht. Dabei stellen wir uns eine Liane vor, an der wir uns langsam hochziehen, Stück für Stück abwechselnd mit der rechten und linken Hand. Die Hände sind so geformt wie die Liane. Wir packen richtig fest zu; die Muskeln in Händen, Armen und Schultern sind angespannt. Wir atmen aber ganz gleichmäßig ein und aus. Dabei stellen wir uns außerdem unser Gewicht vor, wie es jetzt abwechselnd von der rechten und linken Hand hochgezogen werden muß. Ab der Hälfte der Strecke sind unsere Augen geschlossen. Wir heben jetzt auch die Füße vom Boden ab. Wenn die Arme gestreckt sind, hängen wir uns an einen quer verlaufenden Ast eines Urwaldbaumes. Wir spüren die gesamte Spannung im Unter- und Oberarm, im Schulterbereich, im Po, in den Ober- und Unterschenkeln bis in die Fußspitzen. Nach drei bis fünf Atemzügen stellen wir die Fußsohlen wieder flach auf den Boden auf, lassen uns nach vorne gleiten und atmen tief ein und aus. Die Arme lassen wir hängen. Tarzan fühlt sich jetzt wieder warm durchströmt und gut.

3. Bewegungsgeschichte „Laufkäfer und Bienen" (Außengelände)

Einstieg: Rahmengeschichte
Laufkäfer und Bienen machen einen Ausflug [Roller]. Die Bienen sausen in geraden Linien. Die Laufkäfer sind viel langsamer. Sie müssen im Slalom um die Stehaufmarkierungen [oder: Säulen einer Pausenhalle] herumfahren. Nach einer Weile sind die Ausflügler hungrig.

Spielverlauf:
Für ihr Picknick pflücken sich die Laufkäfer zarte Blättchen von den Büschen [Chiffontücher von Stehaufmarkierungen oder Säulen der Pausenhalle] und bringen sie zum Picknickplatz. Die Bienen holen sich Nektar aus den Blüten [Softbälle und Ringe von Rondells und Bänken] und schleppen sie ebenfalls zum Picknickplatz. Jetzt wird erst einmal geschmaust.
Nach dem Essen heißt es, den Picknickplatz aufräumen: Jetzt sind alle so satt und behäbig, daß sie sich nur noch gemächlich bewegen können und nun *alle*

	im Slalom um die Stehaufmarkierungen die „Reste" zum Abfallkorb bringen müssen.
Abschluß:	Ruhekreis

Nun halten alle Siesta. Sie stellen ihre Roller ab und legen sich auf den Rücken ins duftende Gras [Bodenfliesen auf dem Rasen eines abgelegenen Teiles des Außenspielgeländes; die Kinder bewegen sich nach dem Text mit].

Die Spielleiterin erzählt nach der Meditation zum Atmen im Rhythmus und zum Sonnengeflecht (*Splieth*, 1998):

Satte Laufkäfer und Bienen liegen müde im Gras. In der Sonne ist es wunderbar warm und wohlig. Sie räkeln sich hin und her, bewegen schlapp mal den einen Arm ... , dann den anderen Arm ... , hin und wieder ein Bein ... . Dann schlafen sie wieder ganz fest ein. Sie schnarchen leise vor sich hin und kratzen sich auch hin und wieder am Kinn. Sie kraulen sich zufrieden den Bauch. Sie streichen sich im Uhrzeigersinn über den Bauch und murmeln: Mein Bauch wird strömend warm, mein Buch wird strömend warm (sechsmal). Sie atmen gleichmäßig und ruhig (sechsmal) durch die Nase ein und durch den Mund aus. Dann werden sie von den Sonnenstrahlen in der Nase gekitzelt. Sie blinzeln in die Sonne und werden wieder wach. Langsam stehen sie auf, recken sich und – wandern nach Hause.

Literatur zu Entspannungsspielen:

Booth, 1997: *Ich spanne meine Muskeln an, damit ich mich entspannen kann. Progressive Muskelrelaxation für Kinder.*
Brunner, 1991: *Hörst du die Stille?*
Cavelius, 1998: *Erinnerst du dich? S. 68-69, Übungen zum Hören, Riechen ... S. 70-79, die Katze S. 80-83, Schwere- und Wärmeübungen S. 86-87, im Zaubergarten S. 88-89, das bucklige Männlein, der starke Ritter S. 91-93*
Fischer-Olm, 1998: *Tulpenzwiebel S. 195, getanzte Mandalas S. 213-214*

Herzig, 1994: *Erlebnisraum der Sinne.*
Jackel, 1998d: *Parcours der Sinne S. 22-27*
Jackel, 1999: *Schatzsuche*
Köckenberger/Gaiser, 1996: *Entspannungsgeschichtensammlung S. 91-139*
Krawietz et al., 1997: „Eisbärenruhe" *S. 104-105*
Krowatschek, 1997: *Entspannung in der Schule* [Anleitung zur Durchführung in Klasse 1-6]
Neumann, 1995: *Autogenes Training und Tiefmuskelentspannungsübungen für Kinder*
Petermann, 1997: *Käpt'n Nemo S. 242-249*
Roß & Erker, 1998: *Fantasiereise zum Tor S. 29, der kleine Delphin S. 31*
Splieth, 1998: *Kindermantras, Atemwelle, Meditationsgeschichten für Kinder, Meditation und Malen.*

Die Literatur zur Mandala-Meditation befindet sich im Anschluß an das entsprechende Kapitel in diesem Buch.

3.2.5 Mandalas malen und Mandalas betrachten

Auch das Mandala-Malen und das Mandala-Betrachten sind Formen der Meditation. Über Mandalas als Mittel im Prozeß der Besinnung können wir zu einer anderen, neuen, einer multiperspektifischen Sichtweise und Art des Begreifens gelangen: Unser Blick wird durch den Umgang mit Mandalas dahingehend gewandelt, daß wir die Welt eher positiv als negativ begreifen. Denn Wahrnehmen kann niemals objektiv sein. Begrenzt werden andere Blickrichtungen vom eigenen Horizont, der jedoch durch Handeln und Umdenken erweiter- und veränderbar ist im Sinne dezentrierten Denkens. Die Möglichkeit, Standpunkte und Horizonte zu verschieben, ist stets gegeben beim Bemühen um Erkenntnis in der Möglichkeit des Wahrnehmens – des Umdenkens – des Handelns (*Oestreich*, 1992). An jedem Erkenntnisprozeß ist aber auch die Emotion beteiligt. Im Leben eines Menschen kann es keine Erfahrung, keinen Wissenszuwachs und keine Erkenntnis geben, ohne dass diese von einem bestimmten affektiven Grundton begleitet wäre, der entscheidend sein kann für die Anwendung oder Nicht-Anwendung, die Bedeutung und Einordnung der gewonnenen rationalen Erkenntnis (*Lempp*, 1996). In diesem Sinne kann die Mandala-Meditation helfen, die Umwelt ein wenig positiver zu sehen.

Ein Mandala

- steht für eine ganze Welt, Gott, den Menschen, Leben und Schöpfung;
- hat die vollkommene Form: den Kreis;
- ist ein archetypisches Symbol, das im Unterbewußtsein der Menschheit verankert ist und die innere Ordnung der Natur bestimmt (*Wuillemet & Cavelius*, 1997, S. 8).

Es ist gekennzeichnet durch bestimmte Ordnungsschemata:

- Es beginnt und endet in der Mitte;
- von diesem Zentrum gehen alle Strukturelemente aus;
- alle geometrischen Formen (Vierecke, Kreise, Kreissegmente) sind miteinander verbunden;
- das frühzeitliche Mandala hält sich an die Vorbilder aus der Natur und nimmt Naturmandalas als Urbilder, wie bspw. die Kreisanordnung von Stonehenge;
- Farben, Formen und anzahlmäßiges Vorkommen von Formen haben Symbolwert.

(1) Mandalas fördern schöpferische Energien und Selbstheilungskräfte:
Jeder, der sich gerne auf Farben und Formen einläßt, wird tiefe Befriedigung beim Mandalamalen empfinden und dabei seine ganz eigene Welt entdecken mit verschiedenen Entfaltungsmöglichkeiten. Individuell sind verschiedene Figur-Grund-Erfassungen möglich.

(2) Mandalas fördern Ruhe, Gelassenheit und Konzentration:
Wenn man ein Mandala in Ruhe betrachtet und auf sich wirken läßt, kann man sich dabei sammeln, neu entdecken und selbst heilen. Denn die zerstreuenden Kräfte werden gebündelt und helfen gegen Hektik, Nervosität und Streß durch Konzentration. In der Grundschule malen die Kinder erst ein Mandala, werden bei dieser Arbeit aufnahmefähiger und lernen dann leichter, ohne zusätzliche Energie auf die Aufrechterhaltung der Selbstdisziplin vergeuden zu müssen (*Poppen*, 1998).

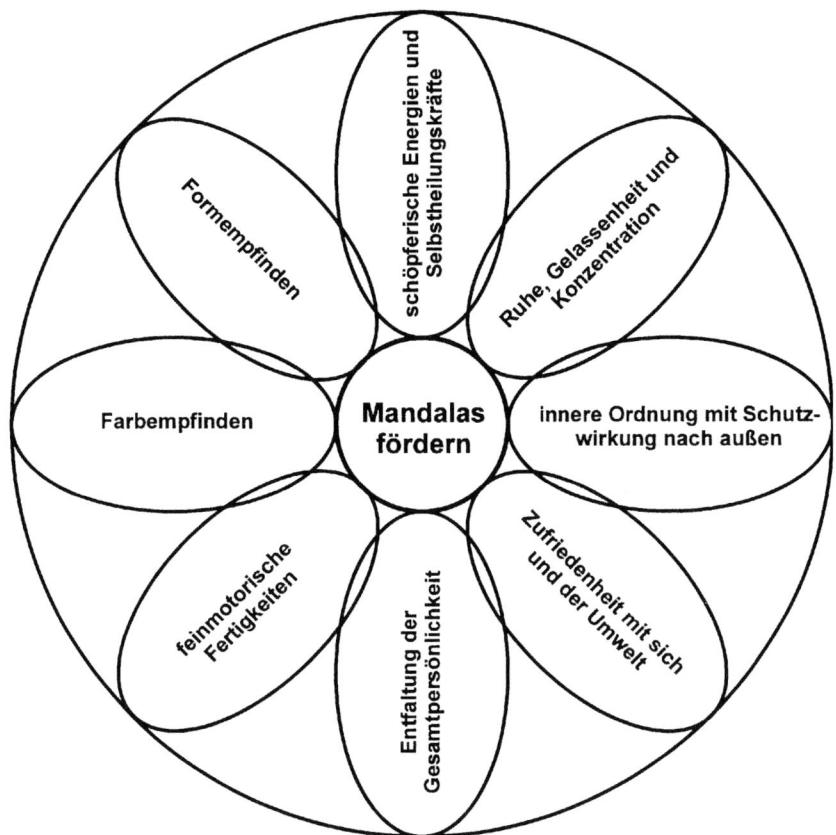

Abb. 37: Fördermöglichkeiten durch Mandalas

(3) Mandalas fördern innere Ordnung mit Schutzwirkung nach außen:
Haben wir durch Hektik, Nervosität und Streß unsere innere Ordnung und unsere Mitte verloren, müssen wir unseren Standort durch Besinnung auf uns selbst wiederfinden. Wenn wir unseren Standort innerhalb der Welt bezeichnen könnten, würden wir die Kreisform mit einem Zentrum wählen. Ist die innere Ordnung gefestigt, ruhen wir in uns selbst. Von außen einströmende störende Reize können dann auf unsere innere Ordnung nicht mehr zerstörend wirken; denn wir haben eine neue Ganzheit / Geschlossenheit.

(4) Mandalas fördern Zufriedenheit mit sich selbst und der Welt:
Haben wir unsere innere Einheit wiedergefunden, lösen sich körperlich-seelische Mißstimmungen. Ursachen solcher neurotischen Störungen bei Kindern im Grundschulalter können in den steigenden Anforderungen in der Schule liegen bei zu wenig elterlicher Zuwendung oder in vermehrtem Medienkonsum ohne notwendige Entspannungsphasen und Verarbeitungsmöglichkeiten der einströmenden Reize.

(5) Mandalas fördern die Entfaltung der Gesamtpersönlichkeit:
Die Findung der Gesamtpersönlichkeit kann gelingen, wenn das Zerstreuende gesammelt ist, das Angstmachende verarbeitet wird, die Anspannung sich lockert und die Bereitschaft zur Außensteuerung schwindet. Dann ist der Weg frei zur Entfaltung der Identität.

(6) Mandalas fördern feinmotorische Fertigkeiten:
Kindliche Verspannungen äußern sich in Hyperaktivität, Nervosität, Gereiztheit, Aggression; aber auch in Antriebsarmut und Lethargie. Durch die Behebung der Verspannungen beim Mandalamalen setzt Ausgeglichenheit ein. Die Hand wird locker, und dann können auch die Feldbegrenzungen besser eingehalten werden. Schon nach wenigen Mandalas werden die Stifte locker geführt, die Farben in einer Richtung aufgetragen, die Begrenzungen eingehalten, denn die Kinder sind interessiert an einem guten Malergebnis. Nach *Rieck* (1997) und *Röck* (1998) stellen Mandalas und Schreiben eine sinnvolle pädagogische Verknüpfung dar, weil die durch das Ausmalen erlangte Entspannung dann auch die Linienbegrenzung beim Schreiben leichter einhalten läßt.

(7) Mandalas fördern das Farbempfinden:
Mit der Farbgebung werden bestimmte Stimmungen und Gefühlszustände zum Ausdruck gebracht; denn Farben haben psychologische Bedeutung, weil man sich beim Ausmalen intuitiv für bestimmte Lieblingsfarben entscheidet. Kinder neigen spontan zu greller Farbgebung. Die Farbempfindung wird sensibilisiert durch die Betrachtung des fertigen Mandalas und das Gespräch über die Wirkung der Farbwahl. Bald werden neue Farbzusammenstellungen ausprobiert. Es macht die Kinder zufrieden, wenn ein schönes Kreisbild geschaffen wurde.

(8) Mandalas fördern das Formempfinden:
Kinder haben ein natürliches Gespür für Symmetrie. Die Formempfindung wird sensibilisiert durch die Betrachtung des fertigen Mandalas und das Gespräch über die Wirkung der Strukturelemente. Die Kinder können mit Hilfe von Natur-Mandalas zum Nachdenken gebracht werden über bestimmte Grundformen in ihrer Umgebung (z. B. Schneckenhäuser, Kleeblätter, Steine, Nüsse, etc.). Durch das Legen eines Natur-Mandalas aus diesen gesammelten Materialien entsteht ein selbst kreiertes Mandala als Kunstform mit symmetrischer Struktur (*Jackel*, 1998a).

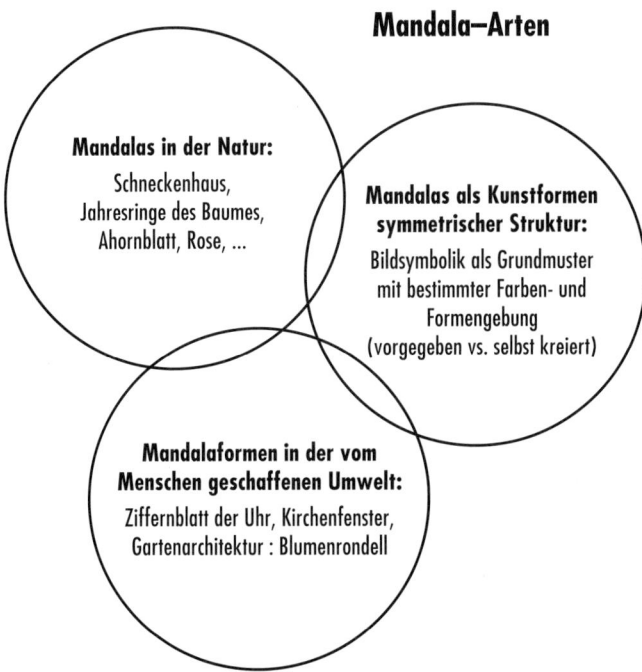

Abb. 38: drei Mandala-Arten

Während im Kindergartenalter das Mandala-Ausmalen einfacher Symbole im Vordergrund steht (*Roß & Erker*, 1998), können alle drei Mandala-Arten obiger Abbildung im Grundschulalter erkannt, freudvoll angenommen und verarbeitet werden.

Die Bedeutungen von Farben, Strukturelementen, Formsymbolen und Zahlen in Mandalas sind bei *Wuillemet & Cavelius* (1997) zusammengestellt und können zur Interpretation intuitiv ausgemalter Mandalas herangezogen werden ebenso wie zur bewußten Ausgestaltung gegebener oder selbst kreierter Kreisbilder.

Abb. 39: Gotischer Sechsschneuz; aus Holitzka, 1998

Abb. 40: Gotische Fensterrosette; aus Holitzka, 1998

Ein Projekt „Mandalas gestalten" als Entspannungsritual:

An der Philipp-Reis-Schule in Gelnhausen wurde in meinem evangelischen Religionsunterricht aus der Begeisterung der Kinder an Mandalas ein Projekt, das sich schließlich über zwölf Unterrichtsstunden erstreckte. Wir gingen aus von der Beschäftigung mit Natur-Mandalas, sammelten Blätter, Blüten, Steine, Nüsse, Baumrinde und Holzscheiben mit Jahresringen. Dann legten wir Mandalas aus diesen und anderen Naturmaterialien in Gruppenarbeit (u. a. auch aus Muscheln, Mandarinenschalen, gepreßten Gartenblumen). Später malten wir Gotische Malvorlagen (Drei- und Sechsschneuze) und Kirchenfenster aus als vom Menschen geschaffene Mandalaformen. Zuletzt gestalteten wir eigene Mandalas anhand der besprochenen Strukturelemente. Bei der Projektarbeit zeigten sich die Drittkläßler sehr engagiert, zufrieden und zunehmend ausgeglichen. Auch sahen sie ihre Umwelt von nun an mit anderen Augen: Sie entdeckten überall Mandalas, suchten nach deren Strukturelementen, berichteten in Unterrichtsgesprächen darüber und wollten Mandalas zur Ruhefindung -auch vor Klassenarbeiten- nicht mehr missen. Seither wurden die Mandalas zum festen Bestandteil unserer Schulvormittage, zu einem rituellen Teil, auf dessen Ablauf man sich freuen kann (*Jackel*, 1998a).

Abb. 41: Kindermandalas

Abb. 42: Kindermandalas

Literatur zu Mandalaritualen:

Bloch, 1993: *Ganz werden. Eine praktische Einführung in die Psychologie von C. G. Jung.*
Fladda, 1998: *Indianer-Mandalas 1 + 2 zum Ausmalen.*
Holitzka, 1998: *Christliche Mandalas.*
Jackel, 1998a: *Die Gedanken wandern lassen ... Mandalas malen als Entspannungsübungen.*
Oussoren-Voors, 1997: *Schreibtanz I.*
Poppen, 1998: *Mandala + Schreibspaß*
Poppen, 1998: *Mandala + Rechenspaß*

Rieck, 1997a: *"Erste Hilfe"-Kopiervorlagen für fast jeden Notfall in der Vertretungsstunde oder was jede/r LehrerIn ständig sucht, braucht und hier findet.*
Rieck, 1997b: *Jetzt geht's rund mit dem ABC. Buchstaben zum Ausmalen und Anmalen – Kopiervorlagen.*
Rieck, 1998: *Mal' die Zahl. Zahlen zum Anmalen und Ausmalen.*
Roß & Erker, 1998: *Meine ersten Mandalas.*
Wuillemet & Cavelius, 1997: *Mandalas malen.*
Wuillemet & Cavelius, 1998: *Natur-Mandalas malen.*

4. Ausblick

Das Anliegen des Buches war es, den Pädagoginnen und Pädagogen Anregungen zu geben für Nischen der Bewegung und Nischen der Stille, die zu Gruppenritualen werden können. Andererseits wollte das Buch aber auch Altes und Vergessenes wieder in das Bewußtsein bringen. Die Leserin / der Leser sollte darin stöbern, sich festlesen und das eine oder andere längst Vergessene wiederfinden und es im Unterricht neu einbauen. Außerdem wurden in diesem Buch die Spielvarianten einmal aus einer anderen didaktischen Perspektive gesehen, nämlich als rituell wirkende Helfer für den Grundschulvormittag. Die Aufgabe der Pädagogin / des Pädagogen wird es jetzt sein, den eigenen Rahmen zu setzen für das rituelle Muster der speziellen Grundschulklasse. Denn jede Kindergruppe muß sich ihren persönlichen Katalog ritueller Hilfsmaßnahmen zusammenstellen.

Auch und besonders in heutiger Gesellschaft suchen sich die Kinder *Nischen der Bewegung* und *Nischen der Stille*. Helfen wir ihnen dabei, und stellen wir ihnen solche zur Verfügung! Dann werden sie auch wieder „Stille aushalten" können, „in sich hineinhorchen" lernen und mit allen Sinnen die Welt in sich aufnehmen, sie verarbeiten und sensibel reagieren.

Lassen Sie uns wieder – und nicht nur die Kinder, sondern auch uns Erwachsene – mit allen Sinnen die Welt in uns aufnehmen! Lassen Sie uns wieder einmal barfuß laufen und ein Stück Erdbeertorte genießen im Sinne von riechen, schmecken und lustvoll hineinbeißen, ohne ständig an dessen Kaloriengehalt zu denken! Lassen Sie uns kleine Rituale schaffen und unseren Alltag damit strukturieren! Lassen Sie uns Stille-Inseln finden für jeden Tag und unseren Ohren und unserer Seele Erholungspausen geben! Damit wird auch wieder mehr Lebensfreude in unseren Alltag einkehren, die uns motivieren kann zu engagiertem und spaßvollem Handeln und zu behutsamem Umgang miteinander.

Kinder, die nicht kreischen
und doch nach Liebe heischen;

Kinder, die nicht Süßes wollen
und nicht im Schmutz rumtollen;

Kinder, die nicht mit Sand rummatschen,
ihn dem Freund in den Nacken klatschen;

Kinder, die nicht in Pfützen hopsen,
die nicht Weihnachtsplätzchen mopsen;

Kinder, die nicht lauthals lachen,
was sind das für fade Sachen!

Abb. 43: einfach mal nur zuschauen

Allgemeines Literaturverzeichnis

AFFOLTER, F. (1972). Entwicklung visueller und auditiver Prozesse. *Schweizerische Zeitschrift für Psychologie, 31* (3), 207-223.

BÄCHLI, G. (1985). *Zottelbär.* Reihe „Schwingungen", Heft 3. Zürich: Verlag Musikhaus PAN AG.

BÄCHLI, G. (1988). *Im Bim-Bam-Bummelzug.* Reihe „Schwingungen", Heft 5. Zürich: Verlag Musikhaus PAN AG.

BEHÖRDE FÜR SCHULE, JUGEND UND BERUFSBILDUNG, AMT FÜR SCHULE, HAMBURG (Hrsg.). (1997). *Aktive Pause. Anregungen für bewegte Pausen.* Bezugsadresse: Amt für Schule, Referat Sport, Humboldtstr. 30, 22083 Hamburg.

BESELE, S. (1999). *Pausenlust statt Schulhoffrust. Management kindgerechter Geländegestaltung.* Dortmund: borgmann.

BIEBRICHER, H. & BRAUER, S. (1992). *10 kleine Zappelfinger. Ein Spiel- und Anleitungsbuch.* Augsburg: Pattloch.

BLOCH, W. (1993). *Ganz werden. Eine praktische Einführung in die Psychologie von C. G. Jung.* Basel: Sphinx.

BOOTH, R. (1997). *Ich spanne meine Muskeln an, damit ich mich entspannen kann.* München: Kösel.

BOSSBACH, CHR., MAY, H. & GÜTHOFF, A. (1998). *Die schönsten neuen Kinderreime.* Augsburg: Weltbild.

BRUNNER, R. (1991). *Hörst du die Stille?* München: Kösel.

BURK, K. (1991). Grundschule in einer sich wandelnden Gesellschaft – Die Ganze Halbtagsschule mit Betreuungsangeboten. In: D. Haarmann (Hrsg.), *Handbuch Grundschule* (S.26-37). Weinheim: Beltz.

BURK, K., RONTE-RASCH, B., THURN, B. et al. (1998). *Grundschule mit festen Öffnungszeiten. Rhythmisierter Schulvormittag und veränderte Arbeitszeiten.* Weinheim: Beltz.

BÜCKEN, H. (1997). *Mit Hand und Fuß. Erprobte und neue Spiele und Spielideen.* Freiburg: Herder.

CAVELIUS, A.-A. (1998). *Wie Kinder zur Stille finden.* Augsburg: Midena.

CRATZIUS, B. & BRAUER, (1994). *Tippel, tippel, tapp, Finger auf und ab. Lustige Fingerspiele und Reime.* Augsburg: Pattloch.

DAHLKE, R. (1998). *Mandalas der Welt. Ein Meditations- und Malbuch.* München: Hugendubel.

DEUTSCHE VERKEHRSWACHT E. V. (Hrsg.). (1997). *Das move it-Buch.* Meckenheim: GHS.

DÖBLER, E. & DÖBLER, H. (1995). *Spiele für Kinder im Kindergarten und zu Hause.* Berlin: Sportverlag.

DUDEN-LEXIKON (1966). Speyer: Klambt.

DÜRR, G. & STIEFENHOFER, M. (1997). *Schöne alte Kinderspiele. Ideen für Kinder aller Altersstufen.* Augsburg: Weltbildverlag.

ECKERT, C. (1999). *Bewegungsraum Schule.* Dortmund: borgmann.

EFFENBERG, A. O. (1996). Sonification – ein akustisches Informationskonzept zur menschlichen Bewegung. Schorndorf: Hofmann.

FAUST-SIEHL, G. et al. (1990). *Mit Kindern Stille entdecken.* Frankfurt: Diesterweg.

FISCHER-OLM, A. (1998). *Alle Sinne helfen mit. Ganzheitliche Arbeit in Kindergarten, Vorstufe und Grundschule.* Dortmund: borgmann.

FLADDA, G. (1998). *Indianer-Mandalas 1+2 zum Ausmalen.* Niedernhausen/Ts.: Falken Verlag.

FÖLLING–ALBERS, M. (1991). Veränderte Kindheit – Neue Aufgaben für die Grundschule. In: D. Haarmann (Hrsg.), *Handbuch Grundschule* (S.52-64). Weinheim: Beltz.

FRORATH, G. (Hrsg.) (1998). *Die schönsten alten Familien-Spiele.* Kempen: Edition moses.

FUCHS, P. & GUNDLACH, W. (1970). *Unser Liederbuch.* Stuttgart: Klett.

GARLICHS, A. (1990). Alltag im offenen Unterricht. Das Beispiel Lohfelden-Vollmarshausen. Frankfurt: Arbeitskreis Grundschule e. V., Schloßstr. 29.

GREGOR, B., ROITHINGER, S. & SCHWARZ, H. (1998). *Wertvolle Spiele für Kinder. So fördern Sie spielerisch die Fähigkeiten Ihrer Kinder.* Wien: Pichler.

HERING, W. (1994). *Bewegungslieder für Kinder. Spiele und Musik von 2-8.* Reinbek: Rowolth.

HERZIG, W. (Hrsg.). (1994). *Erlebnisraum für die Sinne. Spielobjekte zur sinnlichen Wahrnehmung.* Ribbeck. Bezugsadresse: Wolfgang Herzig, Fuchsküppelweg 6, 34128 Kassel.

HOLTHAUS, K. & GEHLING, T. (1997). *TON TON Erlebnislieder für Kinder.* Boppard: Fidula.

HOLITZKA, K. (1998). *Christliche Mandalas.* Darmstadt: Schirner Verlag.

JACKEL, B. (1997). *Psychomotorische Handlungskompetenz beim Radfahren.* Schorndorf: Hofmann.

JACKEL, B. (1998a). Die Gedanken wandern lassen... . *Praxis der Psychomotorik, 23* (4), S. 220-228.

JACKEL, B. (1998b). *Kinder orientieren sich – Spiele zur Entfaltung psychomotorischer Handlungskompetenz.* Dortmund: borgmann.

JACKEL, B. (1998c). Klatschspiele als eine Form der Hand-Koordinationsspiele. *Praxis der Psychomotorik, 23* (4), S. 262-264.

JACKEL, B. (1998d). Nackte Füße lernen spüren. *Praxis der Psychomotorik, 23* (1), S. 22-27.

JACKEL, B. (1998e). Psychomotorische Übungsgeräte und Achsenkonkordanz. *sportunterricht,* (4), S. 57-59.

JACKEL, B. (1998f). Rhythmen in Liedern und Spielen. *Praxis der Psychomotorik, 23* (2), 111-112.

JACKEL, B. (1999). Bewegungsspiele mit Roller und Rad. *Praxis der Psychomotorik* 1/99

JEN, M. & W. (1972). *48 Kinderlieder aus aller Welt.* Bremen: Eres Edition.

KAUFMANN-HUBER, G. (1995). *Kinder brauchen Rituale.* Freiburg: Herder.

KÖCKENBERGER, H. & GAISER, G. (1996). *„Sei doch endlich still!" Entspannungsspiele und -geschichten für Kinder.* Dortmund: borgmann.

KÖPPEN, D. & RIESS, B. (1990). *Mal sehen, ob unsere Füße hören können.* Weinheim: Beltz.

KRAWIETZ, A., KRAWIETZ, CHR., ROHR, M. & SCHRÖDER, F. P. (1997). *Heut' bin ich Pirat! Konzepte und Praxisideen für Bewegungsangebote im Kindergarten.* Frankfurt: Sportjugend Hessen im Landessportbund Hessen e. V., Otto-Fleck-Schneise 4, 60528 Frankfurt.

KROWATSCHEK, D. (1997a). *Anleitung zur Durchführung von Entspannungsverfahren in den Klassen 1-6.* Dortmund: borgmann publishing.

KROWATSCHEK, D. (1997b). *Übungen zur Entspannung.* Dortmund: borgmann publishing.

KRÜSS, J. (1972). *Seifenblasen zu verkaufen.* Gütersloh: Bertelsmann.

KÜPPER, KOTTMANN, PACK (1997). *Bewegungsfreudige Schule.* BAGUV München.

LEMMERMANN, H. (Hrsg.). (1992). *Die Sonnenblume.* Boppard: Fidula.

LEMPP, R. (1996). Die autistische Gesellschaft. Geht die Verantwortung für andere verloren? München: Kösel.

NEUMANN, U. (1995). *Autogenes Training für Kinder.* München: Südwest.

NIEGL, J. (1997). *Familie Bär. Lieder, Spiele, Tänze.* Boppard: Fidula.

OESTREICH, G. (1992). *Wahrnehmen – Umdenken – Handeln.* Frankfurt: Kohlhammer.

OUSSOREN-VOORS, R. (1997). *Schreibtanz I. Von abstrakten Bewegungen zu konkreten Linien für 3-8jährige Kinder.* Dortmund: borgmann publishing.

PETERMANN, U. (1997). Kindangemessene Entspannungsverfahren. *Praxis der Psychomotorik*, 22 (4), S. 242-249.

PONDELIK, F. & SCHAUSS, H.-J. (o. J.). *ABC beißen mich die Flöh. 199 Kinderlieder, Reime und Scherze.* Kempen: Edition moses.

POPPEN, H. (Hrsg.) (1998a). *Mandala + Schreibspaß.* Fürth: Schwager & Steinlein.

POPPEN, H. (Hrsg.) (1998b). *Mandala + Rechenspaß.* Fürth: Schwager & Steinlein.

PRENGEL, A. (1995). *Pädagogik der Vielfalt.* Opladen: Leske + Budrich.

RIECK, G. (1997a). *„Erste Hilfe"-Kopiervorlagen für fast jeden Notfall in der Vertretungsstunde oder was jede/r LehrerIn ständig sucht, braucht und hier findet.* Dortmund: borgmann.

RIECK, G. (1997b). *Jetzt geht's rund mit dem ABC. Buchstaben zum Ausmalen und Anmalen – Kopiervorlagen.* Dortmund: borgmann.

RIECK, G. (1998). *Mal' die Zahl. Zahlen zum Anmalen und Ausmalen.* Dortmund: borgmann

ROLLF, H.-G. & ZIMMERMANN, P. (1985). *Kindheit im Wandel.* Weinheim: Beltz.

ROSS, G. & ERKER, R: (1998). *Meine ersten Mandalas zum Ausmalen.* Augsburg: Pattloch.

RÖCK, P. (1998). In: Poppen, H. (Hrsg.) Mandala + Schreibspaß. Fürth: Schwager & Steinlein.

SCHOLL, E. (1998). Offener Anfang und Morgenkreis – Unser Start in den Schulanfang. In: K. Burk, B. Romte-Rasch, B. Thurn et al. *Grundschule mit festen Öffnungszeiten*, S. 45-47. Weinheim: Beltz.

SPLIETH, A. P. (1998). *Von Bauchnabeltürreisen und der Geburt eines Schmetterlings.* Kreuzlingen: Ariston.

STABE, E. R. (1996). *Rhythmik im Elementar-, Primär- und Sonderschulbereich.* Stuttgart: Haupt.

STEHN, H. (1993). *Hilfe für das schreibauffällige Kind. Feinmotorische Übungen zur Verbesserung graphomotorischer Fähigkeiten.* Kronshagen: Finger & Bewegung.

STRUCK, P. (1997). *Erziehung von gestern – Schüler von heute – Schule von morgen.* München: Hanser.

STÜBING, A.-D. & LUTZ, B. (1992). Die Tägliche Bewegungszeit. In: Hessisches Institut für Bildungsplanung und Schulentwicklung (Hrsg.), *Materialien zum Unterricht, Sport 6.* Frankfurt: Diesterweg.

WASMUND-BODENSTEDT, U. (1984). *Die tägliche Bewegungszeit in der Grundschule.* Schorndorf: Hofmann.

WHITMORE, D. (1988). *Kreativitätsspiele mit Kindern.* München: Kösel.

WUILLEMET, S. & CAVELIUS, A.-A. (1997). Mandalas malen, 85 entspannende Malvorlagen. Augsburg: Pattloch.

WUILLEMET, S. & CAVELIUS, A.-A. (1998). Natur-Mandalas malen. Zur Mitte finden. Augsburg: Pattloch.

ZIMMER, R. (1993). Kinder brauchen Spielraum. *Zeitschrift motorik, 16* (1), 2-6.

ZIMMER, R. (1997). *Sinneswerkstatt. Projekte zum ganzheitlichen Leben und Lernen.* Freiburg: Herder.

Themenspezifische Literaturverzeichnisse
1. Rhythmikspiele mit Fingergeschick (Abzählverse, Fingerspiele)

BIEBRICHER, H. & BRAUER, S. (1992). *10 kleine Zappelfinger. Ein Spiel- und Anleitungsbuch.* Augsburg: Pattloch.

BÜCKEN, H. (1997). *Mit Hand und Fuß. Erprobte und neue Spiele und Spielideen.* Freiburg: Herder.

CRATZIUS, B. & BRAUER, S. (1994). *Tippel, tippel, tapp, Finger auf und ab. Lustige Fingerspiele und Reime.* Augsburg: Pattloch.

DÜRR, G. & STIEFENHOFER, M. (1997). *Schöne alte Kinderspiele. Ideen für Kinder aller Altersstufen.* Augsburg: Weltbildverlag.

FISCHER-OLM, A. (1998). *Alle Sinne helfen mit. Ganzheitliche Arbeit in Kindergarten, Vorstufe und Grundschule.* Dortmund: borgmann.

FRORATH, G. (Hrsg.) (1998). *Die schönsten alten Familien-Spiele.* Kempen: Edition moses.

JACKEL, B. (1998). *Kinder orientieren sich – Spiele zur Entfaltung psychomotorischer Handlungskompetenz.* Dortmund: borgmann.

JACKEL, B. (1998). Rhythmen in Liedern und Spielen. *Praxis der Psychomotorik, 23* (2), 111-112.

PONDELIK, F. & SCHAUSS, H.-J. (o. J.). *ABC beißen mich die Flöh. 199 Kinderlieder, Reime und Scherze.* Kempen: Edition moses.

STEHN, H. (1993). *Hilfe für das schreibauffällige Kind. Feinmotorische Übungen zur Verbesserung graphomotorischer Fähigkeiten.* Kronshagen: Finger & Bewegung.

2. Rhythmikspiele mit Handgeschick (Klatschspiele)

FRORATH, G. (Hrsg.) (1998). *Die schönsten alten Familien-Spiele.* Kempen: Edition moses. [„Bei Meiers hat's gebrannt", S. 63]

JACKEL, B. (1998). *Kinder orientieren sich – Spiele zur Entfaltung psychomotorischer Handlungskompetenz.* Dortmund: borgmann.

JACKEL, B. (1998). Klatschspiele als eine Form der Hand-Koordinationsspiele. *Praxis der Psychomotorik, 23* (4), S. 262-264.

3. Rhythmikspiele mit Fuß-, Hüpf- und Laufgeschick

CRATZIUS, B. & BRAUER, (1994). *Tippel, tippel, tapp, Finger auf und ab. Lustige Fingerspiele und Reime.* Augsburg: Pattloch. [Zählreime zum Seilhüpfen]

DÖBLER, E. & DÖBLER, H. (1995). *Spiele für Kinder im Kindergarten und zu Hause.* Berlin: Sportverlag.

DÜRR, G. & STIEFENHOFER, M. (1997). *Schöne alte Kinderspiele. Ideen für Kinder aller Altersstufen.* Augsburg: Weltbildverlag.

FISCHER-OLM, A. (1998). *Alle Sinne helfen mit. Ganzheitliche Arbeit in Kindergarten, Vorstufe und Grundschule.* Dortmund: borgmann.

FRORATH, G. (Hrsg.) (1998). *Die schönsten alten Familien-Spiele.* Kempen: Edition moses.

GREGOR, B., ROITHINGER, S. & SCHWARZ, H. (1998). *Wertvolle Spiele für Kinder. So fördern Sie spielerisch die Fähigkeiten Ihrer Kinder.* Wien: Pichler.

HERING, W. (1994). *Bewegungslieder für Kinder. Spiele und Musik von 2-8.* Reinbek: Rowolth.

JACKEL, B. (1998). *Kinder orientieren sich – Spiele zur Entfaltung psychomotorischer Handlungskompetenz.* Dortmund: borgmann.

JACKEL, B. (1998). Rhythmen in Liedern und Spielen. *Praxis der Psychomotorik, 23* (2), 111-112.

PONDELIK, F. & SCHAUSS, H.-J. (o. J.). *ABC beißen mich die Flöh. 199 Kinderlieder, Reime und Scherze.* Kempen: Edition moses. [Zählreime zum Seilhüpfen]

4. Rhythmikspiele mit Gesamtkörper- und Darstellungsgeschick

BÄCHLI, G. (1985). *Zottelbär.* Reihe „Schwingungen", Heft 3. Zürich: Verlag Musikhaus PAN AG.

BÄCHLI, G. (1988). *Im Bim-Bam-Bummelzug.* Reihe „Schwingungen", Heft 5. Zürich: Verlag Musikhaus PAN AG.

BAUER, E.-M. (1990). Bau mir das Haus! – Fundamente, Säulen und Erfahrungsräume einer Didaktik der Stille. In: G. Faust-Siehl et al. *Mit Kindern Stille entdecken,* S. 39-74. Frankfurt: Diesterweg. [Tänze im Kreis S. 71-73]

DEUTSCHE VERKEHRSWACHT E. V. (Hrsg.). (1997). *Das 'move it'–Buch.* Meckenheim: GHS.

DÖBLER, E. & DÖBLER, H. (1995). *Spiele für Kinder im Kindergarten und zu Hause.* Berlin: Sportverlag.

DÜRR, G. & STIEFENHOFER, M. (1997). *Schöne alte Kinderspiele. Ideen für Kinder aller Altersstufen.* Augsburg: Weltbildverlag.

FISCHER-OLM, A. (1998). *Alle Sinne helfen mit. Ganzheitliche Arbeit in Kindergarten, Vorstufe und Grundschule.* Dortmund: borgmann.

FUCHS, P. & GUNDLACH, W. (1970). *Unser Liederbuch.* Stuttgart: Klett.

HERING, W. (1994). *Bewegungslieder für Kinder. Spiele und Musik von 2-8.* Reinbek: Rowolth.

HOLTHAUS, K. & GEHLING, T. (1997). *TON TON Erlebnislieder für Kinder.* Boppard: Fidula.

JACKEL, B. (1998). *Kinder orientieren sich – Spiele zur Entfaltung psychomotorischer Handlungskompetenz.* Dortmund: borgmann.

KÖPPEN, D. & RIESS, B. (1990). *Mal sehen, ob unsere Füße hören können.* Weinheim: Beltz.

KRAWIETZ, A., KRAWIETZ, CHR., ROHR, M. & SCHRÖDER, F. P. (1997). Heut' bin ich Pirat! Konzepte und Praxisideen für Bewegungsangebote im Kindergarten. Frankfurt: Sportjugend Hessen im Landessportbund Hessen e. V., Otto-Fleck-Schneise 4, 60528 Frankfurt.

LEMMERMANN, H. (Hrsg.). (1992). *Die Sonnenblume.* Boppard: Fidula.

NIEGL, J. (1997). *Familie Bär. Lieder, Spiele, Tänze.* Boppard: Fidula.

WALLASCHEK, U. (1990). Thematische Stilleübungen. In: G. Faust-Siehl et al. *Mit Kindern Stille entdecken*, S. 99-126. Frankfurt: Diesterweg. [Bändertanz S. 144]

5. Entspannungsspiele

BLOCH, W. (1993). *Ganz werden. Eine praktische Einführung in die Psychologie von C. G. Jung.* Basel: Sphinx.

BOOTH, R. (1997). *Ich spanne meine Muskeln an, damit ich mich entspannen kann.* München: Kösel.

BRUNNER, R. (1991). *Hörst du die Stille?* München: Kösel.

CAVELIUS, A.-A. (1998). *Wie Kinder zur Stille finden.* Augsburg: Midena.

DAHLKE, R. (1998). *Mandalas der Welt. Ein Meditations- und Malbuch.* München: Hugendubel.

DEUTSCHE VERKEHRSWACHT E. V. (Hrsg.). (1997). *Das 'move it'–Buch.* Meckenheim: GHS. S. 87-92

FAUST-SIEHL, G. et al. (1990). *Mit Kindern Stille entdecken.* Frankfurt: Diesterweg.

FLADDA, G. (1998). *Indianer-Mandalas 1+2 zum Ausmalen.* Niedernhausen/Ts.: Falken Verlag.

HOLITZKA, K. (1998). *Christliche Mandalas.* Darmstadt: Schirner Verlag.

JACKEL, B. (1998). Die Gedanken wandern lassen... . *Praxis der Psychomotorik, 23* (4), S. 220-226.

KAUFMANN-HUBER, G. (1995). *Kinder brauchen Rituale.* Freiburg: Herder.

KÖCKENBERGER, H. & GAISER, G. (1996). *„Sei doch endlich still!" Entspannungsspiele und -geschichten für Kinder.* Dortmund: borgmann.

KRAWIETZ et al. (1997). *Heut´ bin ich Pirat. Konzepte und Praxisideen für Bewegungsangebote im Kindergarten.* Frankfurt: Sportbund Hessen im Landessportbund Hessen e. V.

KROWATSCHEK, D. (1997a). *Anleitung zur Durchführung von Entspannungsverfahren in den Klassen 1-6.* Dortmund: borgmann publishing.

KROWATSCHEK, D. (1997b). *Übungen zur Entspannung.* Dortmund: borgmann publishing.

NEUMANN, U. (1995). *Autogenes Training für Kinder.* München: Südwest.

OUSSOREN-VOORS, R. (1997). *Schreibtanz I. Von abstrakten Bewegungen zu konkreten Linien für 3-8jährige Kinder.* Dortmund: borgmann publishing.

PETERMANN, U. (1997). Kindangemessene Entspannungsverfahren. *Praxis der Psychomotorik, 22* (4), 242-249.

POPPEN, H. (Hrsg.) (1998). *Mandala + Schreibspaß.* Fürth: Schwager & Steinlein.

POPPEN, H. (Hrsg.) (1998). *Mandala + Rechenspaß*. Fürth: Schwager & Steinlein.

RIECK, G. (1997a). *„Erste Hilfe"-Kopiervorlagen für fast jeden Notfall in der Vertretungsstunde oder was jede/r LehrerIn ständig sucht, braucht und hier findet.* Dortmund: borgmann.

RIECK, G. (1997b). *Jetzt geht's rund mit dem ABC. Buchstaben zum Ausmalen und Anmalen – Kopiervorlagen.* Dortmund: borgmann.

RIECK, G. (1998). *Mal' die Zahl. Zahlen zum Anmalen und Ausmalen.* Dortmund: borgmann

ROSS, G. & ERKER, R: (1998). *Meine ersten Mandalas zum Ausmalen.* Augsburg: Pattloch.

SPLIETH, A. P. (1998). *Von Bauchnabeltürreisen und der Geburt eines Schmetterlings.* Kreuzlingen: Ariston.

WHITMORE, D. (1988). *Kreativitätsspiele mit Kindern.* München: Kösel.

WUILLEMET, S. & CAVELIUS, A.-A. (1997). Mandalas malen, 85 entspannende Malvorlagen. Augsburg: Pattloch.

WUILLEMET, S. & CAVELIUS, A.-A. (1998). Natur-Mandalas malen. Zur Mitte finden. Augsburg: Pattloch.

ZIMMER, R. (1997). *Sinneswerkstatt. Projekte zum ganzheitlichen Leben und Lernen.* Freiburg: Herder.

Ihre Praxis ist unser Programm!

Neuropsychologie für Pädagogen
Neuropsychologische Voraussetzungen für Lernen und Verhalten
von Ingeborg Milz
2., verb. Aufl. 1998, 312 S., 16x23cm, br,
ISBN 3-86145-152-2, Bestell-Nr. 8112, DM 48,00

Montessori-Pädagogik
– neuropsychologisch verstanden und heilpädagogisch praktiziert
von Ingeborg Milz
1999, 264 S., 16x23cm, br,
ISBN 3-86145-085-2, Bestell-Nr. 8012, DM 44,00

Bewegtes Lernen
Lesen, schreiben, rechnen lernen mit dem ganzen Körper – Die „Chefstunde"
(ohne Titelabbildung)
von Helmut Köckenberger
3. Aufl. 1999, 296 S., 16x23cm, br,
ISBN 3-86145-126-3, Bestell-Nr. 8373, DM 44,00

Kinder orientieren sich
Spiele zur Entfaltung psychomotorischer Handlungskompetenz
von Birgit Jackel
1999, 168 S., Format DIN A5, viele Abb., br,
ISBN 3-86145-176-X, Bestell-Nr. 8555, DM 29,80

Lieferung auch durch die Versandbuchabteilung des:

 verlag modernes lernen *borgmann publishing*

Hohe Straße 39 • D - 44139 Dortmund
☎ (0180) 534 01 30 • FAX (0180) 534 01 20